新手会计从入门到精通

案例图解版

滕晋 编著

全国百佳图书出版单位

化学工业出版社

·北京·

《新手会计从入门到精通——案例图解版》一书，对读者如何从一个企业入门级的会计人员，过渡到优秀企业会计进行了翔实的阐述，并辅以充足的案例。为了使新手会计能够更加透彻地了解会计基础知识，我们从会计岗位认知、会计必知业务处理流程、会计建账记账、会计凭证的处理与管理、记账、会计核算、财务报表编制等七个方面进行了详解。

本书最大的特点是不仅为新手会计提供工作指引，更为新手会计提供实操工作开展的步骤、方法、细节和技巧，相信新手们阅后有助于快速地融入企业、快速地进入工作状态，也可以更加快速地成为企业重用的人才！

本书适合初入会计岗位的人士或刚刚走入职场的财会毕业生以及高等院校相关专业的师生阅读、使用。

图书在版编目（CIP）数据

新手会计从入门到精通：案例图解版/滕晋编著．—北京：化学工业出版社，2019.1（2019.11重印）
ISBN 978-7-122-33345-2

Ⅰ.①新…　Ⅱ.①滕…　Ⅲ.①会计学-基本知识　Ⅳ.①F230

中国版本图书馆CIP数据核字（2018）第270403号

责任编辑：陈　蕾　　　　　　　　　　　　装帧设计：尹琳琳
责任校对：宋　夏

出版发行：化学工业出版社（北京市东城区青年湖南街13号　邮政编码100011）
印　　装：三河市延风印装有限公司
710mm×1000mm　1/16　印张16　字数295千字　2019年11月北京第1版第2次印刷

购书咨询：010-64518888　　　　　　　　　售后服务：010-64518899
网　　址：http://www.cip.com.cn
凡购买本书，如有缺损质量问题，本社销售中心负责调换。

定　　价：59.80元　　　　　　　　　　　　　　　　　　　版权所有　违者必究

前言
PREFACE

  职场新手指的是刚刚从学校毕业进入职场和在工作中刚开始转型的人。什么样的职场新人最受欢迎呢？许多企业家认为：既能把公司不起眼的小事做好，又有担当重任的准备和决心；既能带来新的竞争活力，又能与老同事进行协作和打理好关系的新员工，是最佳的新员工。因此，对于刚入职的新人来说，首先要有这样的心态：既要有谦虚谨慎、脚踏实地做小事的耐心，又要有敢作敢为、勇挑重担做大事的信心。

  会计是一个低门槛的行业，众多财会类毕业生往往第一时间会选择成为会计人，主要是因为会计易上手，工作稳定。

  然而，对于会计新手而言，要真正把工作开展起来却不是那么容易。因为书本上的东西有时候在实际工作中根本就用不上！所以，许多新人就茫然起来。这个时候，你更加需要注重学习，特别是你进入了新公司，一切都是新的，你在学校里所学的知识，或者是以前的一些经验和技能也许在这个公司不适用，也许一切都要从头再来，所以学习非常必要。新员工要时刻保持高昂的学习激情，不断地补充知识、提高技能，以适应公司发展，争取获得更多更好的发展机会，为机遇做好准备。

  作为一个新手会计学什么呢？首先，要了解自己的岗位、了解自己的企业、业务流程；其次，要学习完成该岗位所应具备的知识；再次，要切实地学习、掌握各项业务开展的步骤、要点、技巧与方法。

  新手会计要善于学习，学习的途径很多，向同事学、向网络学、向书本学，公开地请教、暗暗地观察，都可以帮助新手成长。

  为了使新手会计能够更加透彻地了解会计基础知识，我们从会计岗位认知、会计必知业务处理流程、会计建账记账、会计凭证的处理与管理、记账、会计核算、财务报表编制等七个方面进行了编写。本书适合初入会计岗位的人员以及高等院校相关专业的师生阅读使用。

　　本书最大的特点是不仅为新手会计提供工作指引，更为新手会计提供实操工作开展的步骤、方法、细节、技巧，相信新手们阅后有助于快速地融入企业、快速地进入工作状态，也能快速地成为企业重用的人才！

　　本书由滕晋主编，深圳市中经智库文化传播有限公司策划，最后由匡仲潇统稿审核完成。在此一并表示感谢！

　　由于时间及水平所限，书中难免有不妥或疏漏之处，敬请专家读者指正。

编著者

目 录
CONTENTS

第 1 章 会计岗位认知 1

1.1 会计的职责、权限与义务 2
1.1.1 会计工作职责 2
1.1.2 工作权限 3
1.1.3 会计的工作义务 4

1.2 会计人员的任职要求 4
1.2.1 知识要求 4
1.2.2 会计人员必备的基本能力 5
1.2.3 会计人员的职业道德 6
1.2.4 财务软件的使用技能 6

第 2 章 会计必知业务处理流程 11

2.1 会计核算总体工作流程 12
2.2 销售费用岗会计工作流程 12
2.2.1 部门日常费用处理流程 12
2.2.2 购置固定资产处理流程 13

- 2.2.3 房租、仓租处理流程 ·· 14
- 2.2.4 运费处理流程 ·· 14
- 2.2.5 途损处理流程 ·· 15
- 2.2.6 高开冲红处理流程 ·· 15
- 2.2.7 返利处理流程 ·· 16
- 2.2.8 赞助费处理流程 ··· 16
- 2.2.9 广告费用处理流程 ·· 17

2.3 管理费用岗会计工作流程 ·· 19
- 2.3.1 部门日常费用处理流程 ······································ 19
- 2.3.2 资金付出处理流程 ·· 20
- 2.3.3 特殊费用核算处理流程 ······································ 21
- 2.3.4 财务费用处理流程 ·· 24
- 2.3.5 贷款、还款处理流程 ··· 24
- 2.3.6 其他应收款核算及管理处理流程 ·························· 25

2.4 固定资产核算岗会计工作流程 ······································ 26
- 2.4.1 固定资产处理流程 ·· 26
- 2.4.2 在建工程处理流程 ·· 28

2.5 材料审核岗会计工作流程 ·· 31
- 2.5.1 材料采购报账处理流程 ······································ 31
- 2.5.2 采购付款处理流程 ·· 31
- 2.5.3 审核仓库明细账处理流程 ··································· 33

2.6 生产成本核算岗会计工作流程 ······································ 35
- 2.6.1 生产部门日常费用报销处理流程 ·························· 35
- 2.6.2 其他核算处理流程 ·· 36
- 2.6.3 制造费用及辅助生产归集与分配处理流程 ·············· 37
- 2.6.4 生产成本核算处理流程 ······································ 38

2.7 销售核算岗会计工作流程 ·· 41

- 2.7.1 库存商品核算处理流程 41
- 2.7.2 发出商品的核算处理流程 42
- 2.7.3 退货的核算处理流程 42
- 2.7.4 主营业务收入核算处理流程 43
- 2.7.5 主营业务成本核算处理流程 43
- 2.7.6 回款的核算处理流程 44
- 2.7.7 编制产品销售利润表的处理流程 44

2.8 工资福利岗会计工作流程 45
- 2.8.1 工资发放处理流程 45
- 2.8.2 工资分配处理流程 48
- 2.8.3 福利性费用支出处理流程 49
- 2.8.4 公积金管理处理流程 49

2.9 税务岗会计工作流程 50
- 2.9.1 抄税处理流程 50
- 2.9.2 抵扣处理流程 51
- 2.9.3 申报税款处理流程 51
- 2.9.4 代办出口退税相关手续 52
- 2.9.5 税款交纳处理流程 52
- 2.9.6 发票的领购及使用处理流程 53

第 3 章 会计建账记账 55

3.1 会计建账 56
- 3.1.1 账簿设计的原则 56
  - 相关链接:一本会计账的主要构成 57
- 3.1.2 建账的数量 57

　　　　　相关链接：账户的基本结构和内容 ································ 59
　　3.1.3 建账的基本程序 ·· 59
　　　　　相关链接：建账时应取得的资料 ·· 60
3.2 总账的设置 ··· 61
　　3.2.1 总分类账的格式 ·· 61
　　3.2.2 建总分类账的注意事项 ·· 62
3.3 日记账的设置 ··· 62
　　3.3.1 日记账用作过账媒介时的设置 ·· 62
　　3.3.2 日记账不用作过账媒介时的设置 ·· 63
3.4 明细账的设置 ··· 65
　　3.4.1 明细账的种类 ··· 65
　　3.4.2 常用账户的明细分类账户设置及账页格式 ······························ 69
3.5 备查账簿的设置 ·· 70
　　3.5.1 须建立备查账簿的情形 ·· 70
　　3.5.2 联单备查账簿的样式 ··· 70
3.6 企业账簿的选择 ·· 71
3.7 年初建账的基本方法 ··· 72
　　3.7.1 年初新建账簿 ··· 72
　　3.7.2 跨年使用的账簿 ·· 73

第 4 章　会计凭证的处理与管理 ································ 75

4.1 原始凭证的审核 ·· 76
　　4.1.1 原始凭证的内容 ·· 76

4.1.2　原始凭证的填写 ………………………………………………… 76
　　　4.1.3　原始凭证的审核 ………………………………………………… 77
　4.2　编制记账凭证 …………………………………………………………… 79
　　　4.2.1　记账凭证的分类 ………………………………………………… 79
　　　4.2.2　记账凭证的内容 ………………………………………………… 80
　　　4.2.3　记账凭证的填制 ………………………………………………… 80
　　　4.2.4　记账凭证发生错误时的处理 …………………………………… 85
　　　4.2.5　记账凭证的审核 ………………………………………………… 86
　　　4.2.6　记账凭证附件的处理 …………………………………………… 87
　　　　　　相关链接：原始凭证的粘贴 …………………………………… 87
　4.3　会计凭证的管理 ………………………………………………………… 88
　　　4.3.1　会计凭证的传递 ………………………………………………… 88
　　　4.3.2　会计凭证的整理与装订 ………………………………………… 89
　　　4.3.3　会计凭证的立卷、归档 ………………………………………… 93
　　　4.3.4　会计凭证的保管 ………………………………………………… 93

第 5 章　记账 ……………………………………………………………… 95

　5.1　借贷记账法 ……………………………………………………………… 96
　　　5.1.1　账户结构 ………………………………………………………… 96
　　　5.1.2　记账依据 ………………………………………………………… 97
　　　5.1.3　记账要求 ………………………………………………………… 97
　　　5.1.4　制作会计分录 …………………………………………………… 97
　　　5.1.5　试算平衡 ………………………………………………………… 98
　5.2　登记分类法 ……………………………………………………………… 99
　　　5.2.1　登记明细分类账 ………………………………………………… 99

  5.2.2 登记总分类账 102
  5.2.3 总账与明细账的平行登记 105
5.3 结账 109
  5.3.1 结账方式 109
  5.3.2 结账程序 110
  5.3.3 日结账 110
  5.3.4 月结账 110
  5.3.5 季结账 111
  5.3.6 年结账 112
  5.3.7 实现会计电算化后的结账 114
5.4 对账 115
  5.4.1 对账的内容 115
  5.4.2 查找错账的方法 116
  5.4.3 实现会计电算化后的对账 118
5.5 更正错账 118
  5.5.1 划线更正法 118
  5.5.2 红字更正法 120
  5.5.3 补充登记法 122
  5.5.4 选择更正法 122

第 6 章 会计核算 123

6.1 货币资金核算 124
  6.1.1 现金核算 124
  6.1.2 银行存款核算 126
  6.1.3 其他货币资金核算 129

6.2 应收与预付款项的核算 ... 131
6.2.1 应收账款核算 ... 131
6.2.2 应收票据 ... 134
6.2.3 坏账准备与坏账损失 ... 138
6.2.4 其他应收款 ... 142
6.2.5 预付账款 ... 143

6.3 存货核算 ... 144
6.3.1 存货的计价 ... 145
6.3.2 存货的账务处理 ... 147
6.3.3 存货损失的账务处理 ... 148

6.4 固定资产核算 ... 151
6.4.1 固定资产科目的设置 ... 151
6.4.2 固定资产取得的会计处理 ... 151
6.4.3 固定资产的折旧 ... 151
6.4.4 固定资产的清理 ... 155

6.5 流动负债核算 ... 157
6.5.1 短期借款核算 ... 157
6.5.2 应付账款核算 ... 158
6.5.3 应付票据核算 ... 159
6.5.4 应付职工薪酬核算 ... 160
6.5.5 应交税费核算 ... 162

6.6 收入核算 ... 165
6.6.1 直接收款交货销售核算 ... 165
6.6.2 托收承付方式销售核算 ... 166
6.6.3 分期收款销售核算 ... 166
6.6.4 销售折扣核算 ... 167
6.6.5 销售折让核算 ... 168

- 6.6.6 销售退回核算 ... 169
- 6.6.7 提供劳务收入核算 ... 171
- 6.6.8 让渡资产使用权收入核算 ... 175

6.7 成本核算 ... 176
- 6.7.1 成本核算的过程 ... 176
- 6.7.2 主营业务成本核算 ... 179
- 6.7.3 税金及附加核算 ... 180
- 6.7.4 其他业务成本核算 ... 180
- 6.7.5 销售费用核算 ... 181
- 6.7.6 管理费用核算 ... 181
- 6.7.7 财务费用核算 ... 182
- 6.7.8 营业外支出核算 ... 182
- 6.7.9 所得税费用核算 ... 183

6.8 无形资产及其他核算 ... 183
- 6.8.1 无形资产核算 ... 183
- 6.8.2 其他资产业务核算 ... 185

6.9 所有者权益核算 ... 186
- 6.9.1 实收资本核算 ... 186
- 6.9.2 资本公积核算 ... 188
- 6.9.3 盈余公积核算 ... 192
- 6.9.4 未分配利润核算 ... 193

6.10 利润核算 ... 194
- 6.10.1 本年利润核算 ... 194
- 6.10.2 利润分配核算 ... 199

第 7 章 财务报表编制 ·········· 201

7.1 资产负债表的编制 ·········· 202
7.1.1 资产负债表的内容 ·········· 202
7.1.2 资产负债表的结构 ·········· 203
7.1.3 资产负债表列报的总体要求 ·········· 205
7.1.4 资产负债表的内容填制规则 ·········· 207

7.2 利润表 ·········· 215
7.2.1 利润表列报的项目 ·········· 216
7.2.2 一般企业利润表的列报格式 ·········· 216
7.2.3 一般企业利润表的列报方法 ·········· 218

7.3 现金流量表 ·········· 221
7.3.1 现金流量的内容 ·········· 221
7.3.2 现金流量表的编制方法 ·········· 222
7.3.3 现金流量表格式 ·········· 223
7.3.4 现金流量表填制说明 ·········· 225
7.3.5 《现金流量表》补充资料的说明 ·········· 227

7.4 所有者权益变动表 ·········· 230
7.4.1 所有者权益变动表列报的总体要求 ·········· 230
7.4.2 一般企业所有者权益变动表的列报格式 ·········· 230
7.4.3 一般企业所有者权益变动表的列报方法 ·········· 232

7.5 关于附注 ·········· 235
7.5.1 附注披露的总体要求 ·········· 235
7.5.2 附注披露的主要内容 ·········· 235

第1章 会计岗位认知

1.1 会计的职责、权限与义务

1.2 会计人员的任职要求

1.1 会计的职责、权限与义务

1.1.1 会计工作职责

会计工作岗位，是指一个单位会计机构内部根据业务分工而设置的职能岗位。会计工作岗位可以一人一岗、一人多岗或者一岗多人。

会计人员的职责，概括起来就是及时提供真实可靠的会计信息，认真贯彻执行和维护国家财经制度和财经纪律，积极参与经营管理，提高经济效益。根据《中华人民共和国会计法》（以下简称《会计法》）的规定，会计人员的主要职责包括表1-1所示几个方面。

表1-1 会计工作职责

序号	职责	说明
1	流动资金核算	（1）拟订流动资金管理和核算实施办法，参与核定流动资金定额，实行管用结合与资金归口分级管理 （2）编制流动资金计划和银行借、还款计划，负责流动资金调度，组织流动资金供应 （3）定期考核流动资金使用效果，不断加速流动资金调动
2	固定资产核算	（1）拟订固定资产管理与核算实施办法，划定固定资产与低值易耗品的界限，编制固定资产目录 （2）参与核定固定资产需用量及编制固定资产更新改造计划 （3）办理固定资产购置、调入调出、价值重估、折旧、调整、内部转移、租赁、封存、出售及报废等会计手续，进行明细登记核算，定期进行清查核对，做到账物相符 （4）按制度规定计提固定资产折旧 （5）参与固定资产的清查盘点，分析固定资产的使用效果，促进固定资产的合理使用，提高固定资产利用率
3	材料核算	（1）会同有关单位拟订材料管理与核算实施办法，建立健全材料收发、保管和领用手续制度 （2）根据需要及市场情况会同有关单位制订采购计划 （3）审计材料采购用款计划，控制材料采购，掌握市场价格，审查发票等凭证，考核材料的消耗 （4）建立材料明细登记账，进行明细核算，做到账物相符，核算清楚；参与库存材料的清查盘点，对盘盈盘亏提出处理意见，经批准后作出处理

续表

序号	职责	说明
4	工资核算	（1）按计划控制工资总额的使用 （2）审核工资表，计算发放工资；按制度规定计提发放奖金 （3）进行工资明细核算
5	成本核算	（1）拟定成本核算办法，建立健全成本核算工作程序，编制成本费用计划 （2）拟定生产经营成本、费用开支范围，掌握成本费用开支情况，登记成本费用明细账，按规定编制成本报表上报 （3）考核、分析成本费用开支情况，积极挖潜节支，提出改进意见，努力降低成本费用支出
6	利润核算及分配	（1）编制利润计划，将年度利润指标分解落实到单位 （2）做好利润明细核算，正确计算生产经营、销售收入和其他收入，认真审核和计算各项成本费用支出，准确计算利润，按制度计算和上交税，制作并登记有关的明细账，编制利润报表上报 （3）按章程规定和股东大会决议分配利润，分配股息、红利，计算股息、红利率，编制利润分配表、股利分配表 （4）考核、分析利润完成情况，积极挖潜节支，提出改进建议和措施，努力提高利润
7	往来结算	（1）加强管理并及时结算购销往来和其他往来的暂收、暂付、应收、应付、备用金等往来款项 （2）按合同或规定要计收利息的，应正确计息，一并在往来账项上计收，年终时应抄列清单，与有关单位或个人核对，催收催结
8	专项资金核算	（1）拟定专项资金管理办法，实行归口管理 （2）对专项资金进行明细核算 （3）按时编制专项奖金报表
9	总账报表	（1）登记总账，核对账目，编制资金平衡表 （2）核对其他会计报表，管理会计凭证和账表
10	综合分析	（1）综合分析财务状况和经营成果 （2）编写财务情况说明书 （3）进行财务预测，为领导提供决策参考意见

1.1.2 工作权限

根据上司的授权以及企业相关财务制度的规定，会计主要有以下一些权限。
（1）严守财务制度，有权抵制不合法的收支和虚假做账。
（2）有权参与制定企业相关财务管理制度。
（3）有权要求本企业有关部门、人员认真遵守执行《会计法》《企业会计准则》等规定。对于违反的情形可以拒绝付款、拒绝报销和拒绝执行，并向上级领导报告。

（4）有权参加有关的生产、经营管理会议，提出有关财务收支、经济效益等方面的问题和意见。

（5）有权监督、检查有关部门的财务收支、财产保管、资金使用等情况。

（6）上司授予的其他权限。

1.1.3　会计的工作义务

会计的主要义务就是做好本职工作，保证企业的财务状况正常运行。此外，认真完成上司交代的各项工作，及时向上司汇报工作等也是其义务。

由于工作性质的特殊，会计一定要严格遵守相关的财会法规，及时、准确、认真地做账，尤其不能做假账。

1.2　会计人员的任职要求

会计要为企业做好会计核算与监督，因此，必须要掌握基本的财务、税务等知识，并遵守基本的职业道德。

1.2.1　知识要求

会计业务涉及做账、核算等，这要求会计人员必须具备相关的专业知识。

1.2.1.1　财务会计知识

会计必须了解与本岗位密切相关的各种常见财务会计知识，具体包括以下几种。

（1）基本的会计术语。如资产、负债、所有者权益、收入、费用、利润等常见术语。

（2）了解基本的会计科目。对于相关财务法规中规定的企业会计科目，会计必须熟知，并掌握如何根据企业实际进行设计分类。

（3）会计账户的分类。

（4）了解各种记账方法，尤其要掌握借贷记账法的使用。

（5）各种会计凭证、记账凭证的编制、审核。

（6）企业财务核算的具体项目及方法。

（7）会计报表的种类及编制要求。

1.2.1.2 审计知识

审计就是要对企业的财政收支、预算、决算等进行审查核定。会计在日常工作中,涉及审计的主要包括以下几项。

(1)对实物、现金、银行存款等进行财产清查。

(2)对账、结账以及更正错账。

(3)提供财务分析报告,为上司的财务预算、决算提供参考资料。

1.2.1.3 税务知识

财务做账时,要对增值税、消费税等进行登账处理。因此,会计要了解税收的种类、纳税人的认定以及各种税务的账面处理。

1.2.1.4 工商管理知识

会计要了解公司的组织形式与性质,掌握公司的设立登记手续,并学会如何配合相关机关进行公司的年度检验。此外,公司的增资、减资、解散、合并、注销等知识会计也需要了解。

1.2.2 会计人员必备的基本能力

从工作需要方面看,会计人员应具备一些基本的业务能力,具体如图1-1所示。

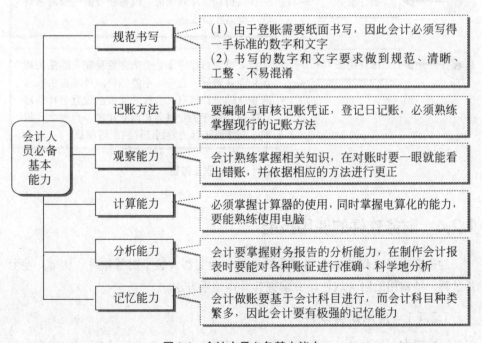

图1-1 会计人员必备基本能力

1.2.3 会计人员的职业道德

由于岗位的特殊性,会计人员要做好会计工作,必须要遵守基本的职业道德,具体如图1-2所示。

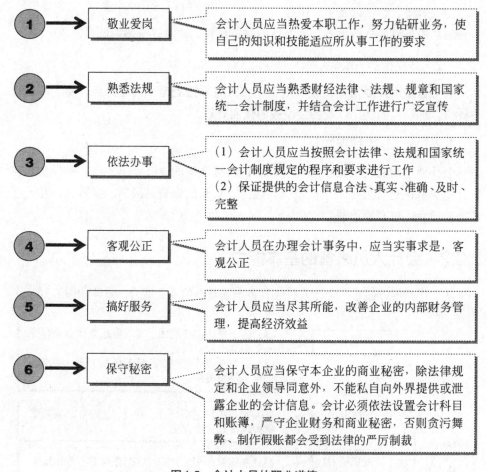

图1-2 会计人员的职业道德

1.2.4 财务软件的使用技能

为提高会计工作的效率和准确性,很多企业都安装了财务软件。因此,会计要了解一些常用的财务软件,并掌握其具体使用方法。

1.2.4.1 常用财务软件

(1)用友。用友软件是国内知名的管理软件,其财务方面的软件被广泛使用。

"用友财务通"主要包括财务处理、工资管理、固定资产管理、报表、财务分析以及存货管理六大子系统。在该软件中，可以便捷地对财务总账、明细账、应收应付账款等进行财务处理。

（2）金蝶。金蝶EAS、金蝶K3和金蝶KIS三款软件都是比较常用的。此外，金蝶友商网在线平台也被很多企业使用。其财务软件比较全面，涉及应收应付账款、账簿、报表、财务分析等方方面面的管理。

此外，财客在线、新中大、浪潮、速达、管家婆、金算盘等软件也被很多企业使用。

1.2.4.2 财务软件的使用技巧

以下针对用友ERP-U8财务软件，通过对几个操作技巧的详细讲解，使大家能更好地掌握财务软件的正确使用方法。

（1）建账中的技巧

① 代码设置。会计科目代码是填制会计凭证、登记会计账簿、编制会计报表的基础。会计科目设置的完整性影响着会计过程的顺利实施，会计科目设置的层次深度直接影响会计核算的详细、准确程度。除此之外，对于电算化系统会计科目的设置是用户应用系统的基础，它是实施各个会计手段的前提。

一级总账科目的代码通常已在会计制度中规定，需要用户自行确定代码长度的是二级以下明细科目，大部分明细科目的科目数量变化不大，科目数量不确定性较大的是明细科目，如往来科目、材料科目等，但在同一级的明细科目中，其代码长度是以同一上级科目下科目数量最多的一个来确定的，即使只有一个这种科目的明细科目数量较多，其他同级科目的代码长度也要与其一致。例如，二级明细科目代码的长度确定，首先要逐个分析总账科目下明细科目数，如"现金"可不设明细科目，"银行存款"通常以开户账号为明细科目，科目数一般不会达百个，其他的明细科目也不会超过百个，两位的代码长度应能满足需要，但"应收账款""应付账款"等通常以客户名和供应商名称设置明细科目，明细科目的数量较多，接近或超过100个，两位代码就不能满足要求，所以二级科目的代码长度就应设定为3位。

② 成批复制科目。在新增会计科目过程中可能会遇到新增会计科目的下级科目与一个已设置好的科目的下级明细科目类似，在这种情况下如果设置一批新下级明细科目，非常浪费时间和人力，所以U8产品提供了成批复制下级明细科目的功能。可以将本账套或其他账套中的相似的下级科目复制给某一科目，以减少重复设置的工作量，并提高正确率和一致性。例如一个公司的短期投资1101和长期投资1401的下级明细科目基本相同，那么在设置长期投资科目时，只需将短期投

资1101的所有下级科目复制为长期投资1401的下级即可,如果需要复制携带辅助核算、数量核算和外币核算的,则在三个辅助核算前打勾即可。即使1401的下级科目与1101有不同之处,只需稍作修改,也比重新设置快捷方便。

③ 初始数据输入。如果系统中已有上年的数据,在使用"结转上年余额"后,上年各账户余额将自动结转到本年。如果是第一次使用财务系统,必须输入科目年初余额。对于年初启用的会计核算软件,年初余额就是期初余额,数据输入工作量较少。年中启用,数据输入工作量相对较大,但可以利用数据间的关系尽量减少输入量,如只输入最低级明细科目的年初余额和借贷方累计发生额,然后利用核算软件提供的功能汇总有明细科目的上级科目和总账科目的年初余额和发生额,并计算出期初余额。

(2)凭证输入中的技巧

① 摘要输入。凭证摘要多为中文,如果会计人员的打字速度不快,输入凭证的速度就会受到影响,提高输入速度的重要技巧是常用摘要的编辑。首先增加常用摘要,可点击【增加】按钮,新增一条常用摘要,录入常用摘要编码(用以标识某常用摘要。在制单中录入摘要时,用户只要在摘要区输入该常用摘要的编码,系统即自动调入该摘要正文和相关科目)、常用摘要正文内容(结合本单位的实际情况,输入常用摘要的正文)、相关科目(如果某条常用摘要对应某科目,则可以在此输入,在调用常用摘要的同时,也将被一同调入,以提高录入速度),这些信息可任意设定并在调用后可以修改补充。那么在填制凭证时,在调用常用摘要的同时,自动调入相关科目,提高凭证录入效率。其次增加常用摘要,只需选择某条常用摘要,点击【选入】按钮即可以调用常用摘要。这样可以提高凭证输入工作效率。

② 科目代码输入。会计软件中的科目代码是为提高会计软件的运算速度和精度而设计的。输入记账凭证时只需输入科目代码,操作较简单。但要求用户输入确定的科目代码,而用户对会计科目较熟悉,对科目代码却不一定能记得准确,如果用户输入了未经定义的科目代码,软件系统将提示科目不在,需重新输入,如果用户输入的科目代码并非所需,可从软件系统中的科目代码表中查找所需科目,更改科目代码。如果科目数量较多,人工逐页查找也很费事。事实上,许多会计软件的科目代码表都能模糊快速定位,会计人员记不准确的科目多为明细科目,其所属总账科目或上级科目一般较明确,输入此类科目时,干脆只输入到其上级科目的代码,由于系统只能接受最明细的科目,此时将打开科目代码表,并指向刚输入的上级科目,所要查找的明细科目应就在附近,这样就省去多余的翻页查找操作。还有一个更为简捷的方法,是在科目设置时的"助记码"中输入能够帮助你记忆的代码,比如"工商银行"明细科目可以设置成为"GH"代码,那

么你输入"工商银行"明细科目时可以输入"GH"代码。

③ 金额输入。按照会计制度的有关规定，记账凭证可以一借多贷、多借一贷，在输入完多借或多贷的分录后，输入一贷或一借分录的金额时可参照合计栏中的金额输入，省去人工计算合计的麻烦，有些会计软件还提供了自动获取金额的功能键。

④ 常用凭证。在单位里，会计业务都有其规范性，因而在日常填制凭证的过程中，经常会有许多凭证完全相同或部分相同，如果将这些常用的凭证存储起来，在填制会计凭证时可随时调用，必将大大提高业务处理的效率。关键是如何增加常用凭证，点击【增加】按钮，新增一张常用凭证，输入编号，编号是调用常用凭证的依据，所以必须唯一。必须选择凭证类别，方便以后参照调用常用凭证时，只显示该凭证类别范围内的常用凭证。

另外如何调用常用凭证也很重要，调用方法一：在制单时单击"编辑"菜单下的"调用常用凭证"，根据提示输入常用凭证的编号，即可调出该常用凭证。若调出的常用凭证与当时处理的业务有出入或缺少部分信息，则可直接将其修改成所需的凭证。调用方法二：在制单时单击"编辑"菜单下的"调用常用凭证"，在输入常用凭证的编号处按[F2]键，屏幕显示常用凭证定义窗，将光标移到要调用的常用凭证，点【选入】按钮或按[F3]键，可选入要调用的常用凭证。

⑤ 编制会计分录中的技巧。第一，会计分录尽可能细。记账凭证是账务处理的原始资料，所有账簿都是根据记账凭证的分录来登记的，分录越详细，账簿也越详细。为日后查账方便、快捷，在编制记账凭证时，应尽可能详细，甚至可以每张原始凭证编制成一条分录，摘要也应详细说明。不过这样会使记账凭证的输入量加大，但为日后用账考虑，这样做还是值得的。

第二，冲减收入或费用以红字或负数反映。在输入收入和费用类科目的记账凭证时，如果发生额的方向与该类科目余额方向相反，如冲减收入或费用，应将金额以红字或负数方式输入到与该类科目的余额相同的方向，收入类为贷方，费用类为借方。这样做的目的是为编制报表公式简捷，有些报表需要取某一会计期间某些科目的发生额，如损益表，损益类科目期末结转后没有余额，必须用科目的发生额填报。如果冲减费用金额记入贷方，报表所需的期间借方发生额就不正确，还应扣除冲减的费用，如取借贷方发生额的差，由于贷方发生额中包括期末结转金额，差为0，由计算机识别自动汇总冲减的费用比较困难，不如在编制会计分录时以红字或负数反映冲减的费用和收入。

（3）改错更正技巧

发生错账，如果是当月的未登账记账凭证，可直接修改，如果是已登账甚至是以前月份的记账凭证，可冲销错误凭证，然后重新填制正确的记账凭证。这是

9

正常的错账更正方法。事实上，有不少会计核算软件还提供反登账、反结账的功能，反结账功能可将会计期间推前，然后将未结账的记账凭证用反登账功能返回到未登账状态，再加以修改。

（4）打印账簿时的技巧

① 年终结账后打印。每月打印的账簿会有许多空白，纸张浪费惊人，每月将同一个科目的账页归集起来也相当费事。会计电算化后，输入记账凭证，并经登账、结账，账簿即已在电脑中形成，只要及时做好备份，数据就相对安全，查账、用账也方便、快捷，如有需要也可单独打印出指定科目的账页，年终结账后再打印出全部账页，装订成账簿。

② 清单式打印。采用清单式打印可进一步减少账页间的空白，压缩各科目间的账簿头，节省纸张，可以连续打印，减少打印中的人工操作，省时、省事、省纸。

第 2 章 会计必知业务处理流程

2.1 会计核算总体工作流程

2.2 销售费用岗会计工作流程

2.3 管理费用岗会计工作流程

2.4 固定资产核算岗会计工作流程

2.5 材料审核岗会计工作流程

2.6 生产成本核算岗会计工作流程

2.7 销售核算岗会计工作流程

2.8 工资福利岗会计工作流程

2.9 税务岗会计工作流程

工作流程是指工作事项的活动流向顺序。工作流程包括实际工作过程中的工作环节、步骤和程序。若要全面了解工作流程，必须要用到工作流程图。工作流程图可以帮助管理者了解实际工作活动，消除工作过程中多余的工作环节，合并同类活动，使工作流程更为经济、合理和简便，从而提高工作效率。作为会计新手，进入一家企业开展工作，一定要留意各项工作的流程，尤其是会计业务比较复杂、设置很多会计岗位的公司。

2.1 会计核算总体工作流程

会计核算的总体工作流程如图2-1所示。

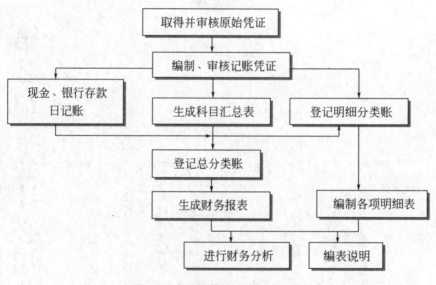

图2-1 会计核算的总体工作流程

2.2 销售费用岗会计工作流程

2.2.1 部门日常费用处理流程

部门日常费用业务的处理流程如图2-2所示。

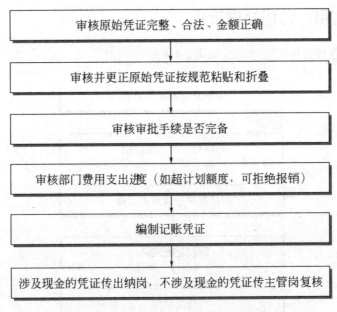

图2-2 部门日常费用业务的处理流程

2.2.2 购置固定资产处理流程

购置固定资产的处理流程如图2-3所示。

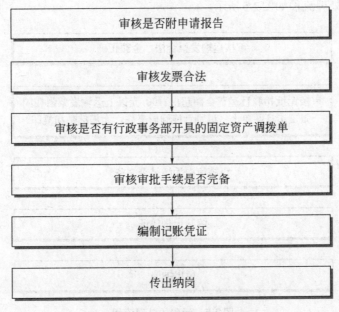

图2-3 购置固定资产的处理流程

2.2.3 房租、仓租处理流程

房租、仓租业务的处理流程如图2-4所示。

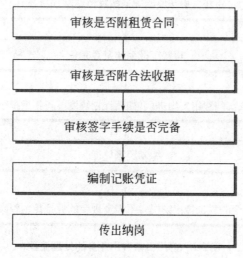

图2-4 房租、仓租业务的处理流程

2.2.4 运费处理流程

运费的处理流程如图2-5所示。

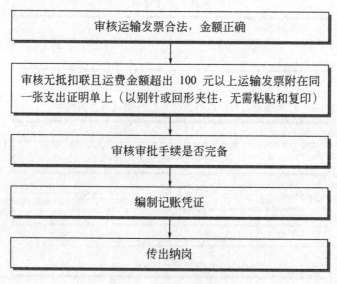

图2-5 运费的处理流程

2.2.5 途损处理流程

途损的处理流程如图2-6所示。

图2-6 途损的处理流程

2.2.6 高开冲红处理流程

高开冲红的处理流程如图2-7所示。

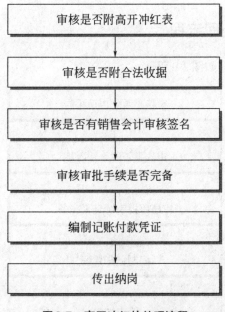

图2-7 高开冲红的处理流程

2.2.7 返利处理流程

返利的处理流程如图2-8所示。

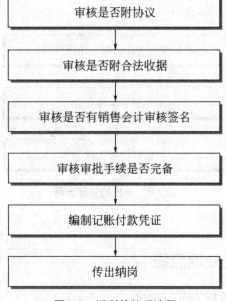

图2-8 返利的处理流程

2.2.8 赞助费处理流程

赞助费的处理流程如图2-9所示。

图2-9 赞助费的处理流程

2.2.9 广告费用处理流程

2.2.9.1 审核月度资金计划的流程

审核月度资金计划的业务处理流程如图2-10所示。

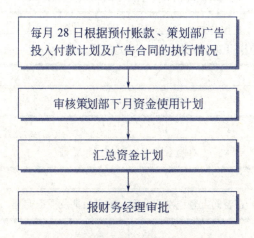

图2-10 审核月度资金计划的业务流程

2.2.9.2 审核付款及报账处理流程

审核付款及报账的业务流程如图2-11所示。

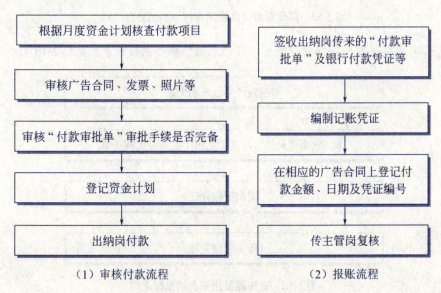

(1) 审核付款流程　　　　(2) 报账流程

图2-11 审核付款及报账的业务流程

2.2.9.3 费用报账处理流程

（1）媒体及宣传品处理流程。媒体及宣传品费用报账业务的处理流程如图2-12所示。

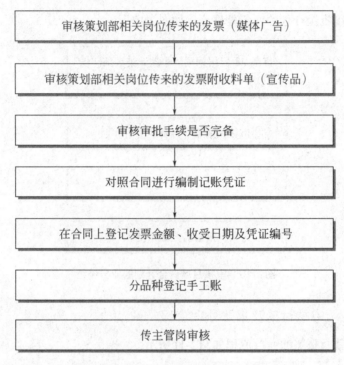

图2-12 媒体及宣传品费用报账业务的处理流程

（2）宣传品发出账务处理流程。宣传品发出账务的处理流程如图2-13所示。

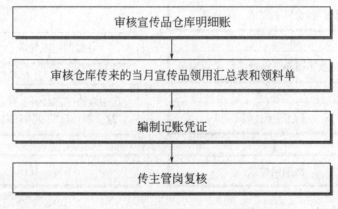

图2-13 宣传品发出账务的处理流程

（3）推广会的账务处理流程。推广会的账务处理流程如图2-14所示。

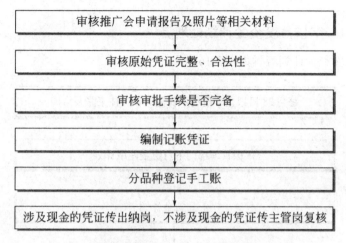

图2-14 推广会的账务处理流程

2.3 管理费用岗会计工作流程

2.3.1 部门日常费用处理流程

部门日常费用的处理流程如图2-15所示。

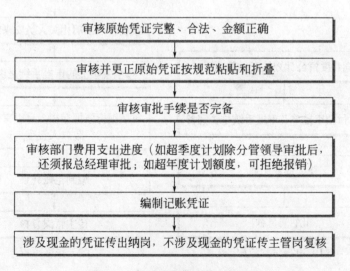

图2-15 部门日常费用的处理流程

2.3.2 资金付出处理流程

2.3.2.1 审核月度资金计划处理流程

审核月度资金计划流程如图2-16所示。

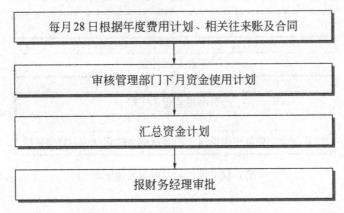

图2-16 审核月度资金计划流程

2.3.2.2 审核付款及报账处理流程

审核付款及报账流程如图2-17所示。

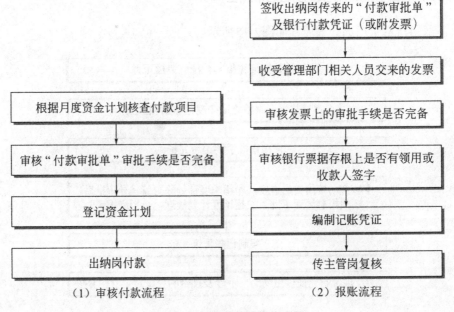

图2-17 审核付款及报账流程

2.3.3 特殊费用核算处理流程

2.3.3.1 办公用品入库与领用处理流程

（1）入库。办公用品入库业务的处理流程如图2-18所示。

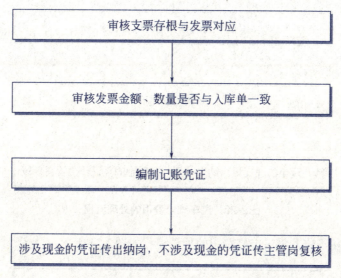

图2-18 办公用品入库业务的处理流程

（2）领用。办公用品领用业务的处理流程如图2-19所示。

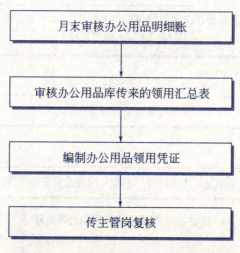

图2-19 办公用品领用业务的处理流程

2.3.3.2 修理费处理流程

（1）汽车维修。汽车维修费用的处理流程如图2-20所示。

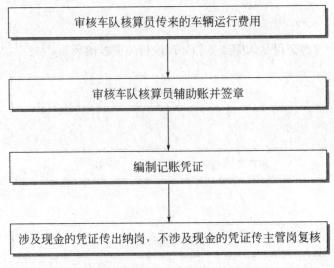

图2-20　汽车维修费用的处理流程

（2）零星维修。零星维修费用的处理流程如图2-21所示。

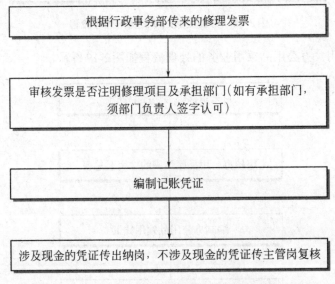

图2-21　零星维修费用的处理流程

（3）维修物资

① 维修物资入库业务的处理流程如图2-22所示。

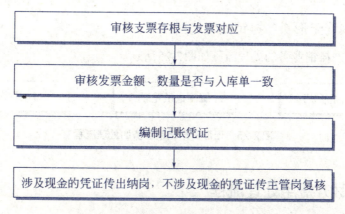

图2-22 维修物资入库业务的处理流程

② 维修物资领用业务的处理流程如图2-23所示。

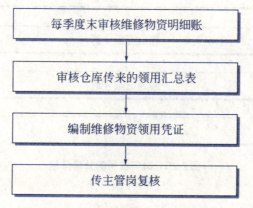

图2-23 维修物资领用业务的处理流程

2.3.3.3 研究开发费处理流程

研究开发费的处理流程如图2-24所示。

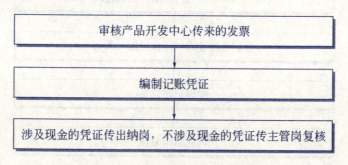

图2-24 研究开发费的处理流程

2.3.3.4 无形资产摊销处理流程

无形资产摊销业务的处理流程如图2-25所示。

图2-25 无形资产摊销业务的处理流程

2.3.4 财务费用处理流程

财务费用的处理流程如图2-26所示。

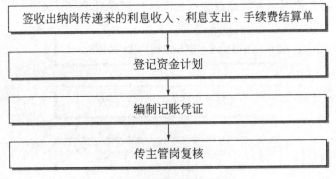

图2-26 财务费用的处理流程

2.3.5 贷款、还款处理流程

贷款、还款业务的处理流程如图2-27所示。

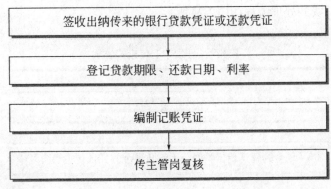

图2-27 贷款、还款业务的处理流程

2.3.6 其他应收款核算及管理处理流程

2.3.6.1 借款处理流程

借款业务的处理流程如图2-28所示。

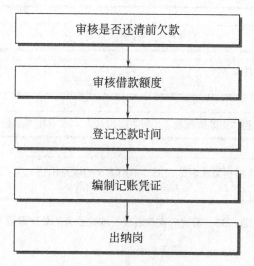

图2-28 借款业务的处理流程

2.3.6.2 还款处理流程

还款业务的处理流程如图2-29所示。

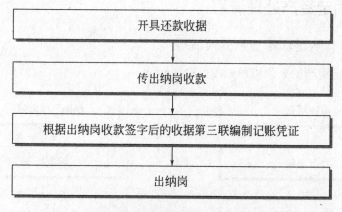

图2-29 还款业务的处理流程

2.3.6.3 其他应收款清理、催收处理流程

其他应收款清理、催收业务的处理流程如图2-30所示。

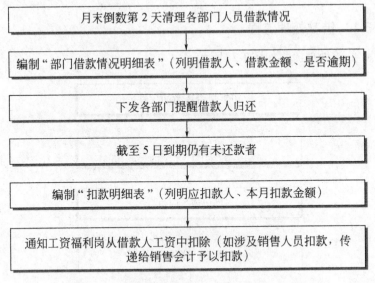

图2-30 其他应收款清理、催收业务的处理流程

2.4 固定资产核算岗会计工作流程

2.4.1 固定资产处理流程

2.4.1.1 购进固定资产处理流程

购进固定资产的处理流程如图2-31所示。

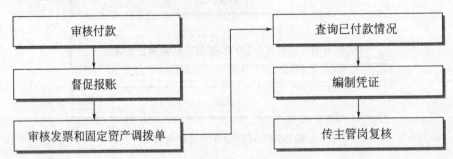

图2-31 购进固定资产的处理流程

2.4.1.2 提取固定资产折旧处理流程

提取固定资产折旧的处理流程如图2-32所示。

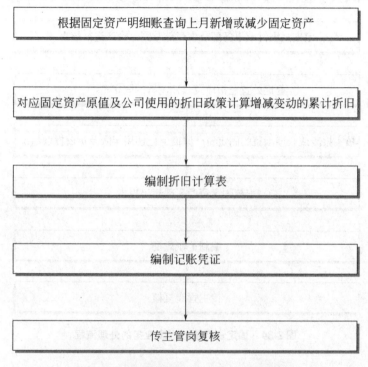

图2-32 提取固定资产折旧的处理流程

2.4.1.3 固定资产清理处理流程

（1）固定资产盘点。固定资产盘点业务的处理流程如图2-33所示。

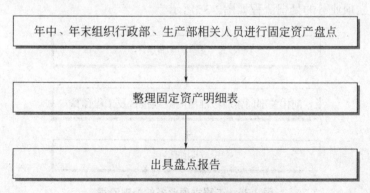

图2-33 固定资产盘点业务的处理流程

(2) 固定资产清理报废。固定资产清理报废业务的处理流程如图2-34所示。

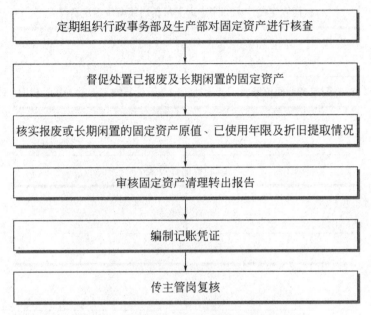

图2-34 固定资产清理报废业务的处理流程

2.4.2 在建工程处理流程

2.4.2.1 工程立项处理流程

工程立项业务的处理流程如图2-35所示。

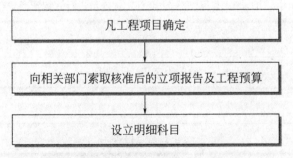

图2-35 工程立项业务的处理流程

2.4.2.2　工程招标处理流程

工程招标业务的处理流程如图 2-36 所示。

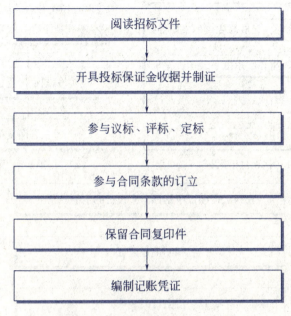

图 2-36　工程招标业务的处理流程

2.4.2.3　审核月度资金计划处理流程

审核月度资金计划流程如图 2-37 所示。

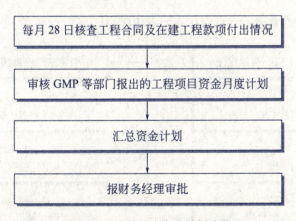

图 2-37　审核月度资金计划流程

2.4.2.4 款项付出及报账处理流程

款项付出及报账业务的处理流程如图2-38所示。

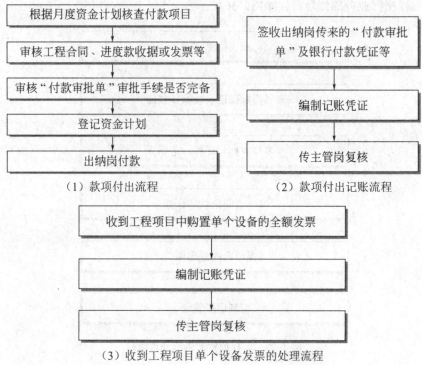

图2-38 款项付出及报账业务的处理流程

2.4.2.5 转入固定资产处理流程

转入固定资产业务的处理流程如图2-39所示。

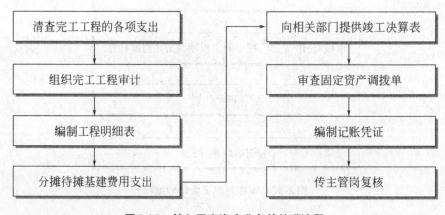

图2-39 转入固定资产业务的处理流程

2.5 材料审核岗会计工作流程

2.5.1 材料采购报账处理流程

材料采购报账处理流程如图2-40所示。

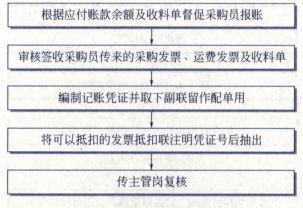

图2-40　材料采购报账处理流程

2.5.2 采购付款处理流程

2.5.2.1 审核月度资金计划处理流程

审核月度资金计划流程如图2-41所示。

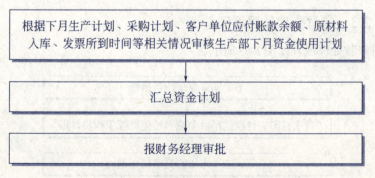

图2-41　审核月度资金计划流程

2.5.2.2 审核付款处理流程

审核付款业务的处理流程如图2-42所示。

图2-42 审核付款业务的处理流程

2.5.2.3 应付账款处理流程

应付账款处理流程如图2-43所示。

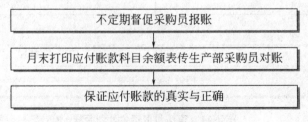

图2-43 应付账款处理流程

2.5.3 审核仓库明细账处理流程

2.5.3.1 收料处理流程

（1）入库业务的处理流程如图2-44所示。

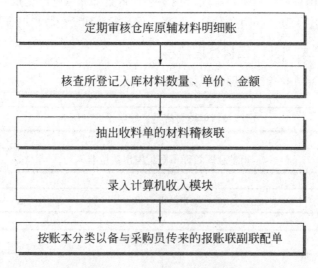

图2-44 入库业务的处理流程

（2）配单业务的处理流程如图2-45所示。

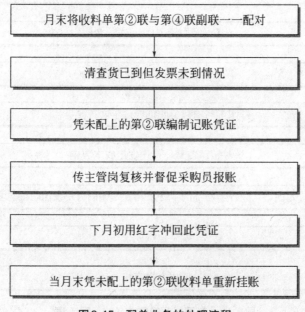

图2-45 配单业务的处理流程

（3）暂估入库账务处理流程。材料验收合格达到可发放状态，采购员须开具收料单，数量、金额须填写完整，经仓管员签字后，材料方可发放。在发票未到、价格暂时无法确定时，先由采购员按合同价、最近历史价或市价等估价填写在收料单上，待收到发票后，如暂估价与实际价不一致，采购员按发票金额补填蓝字或红字收料单调整原收料单，经仓管员签字，将第②联留仓库记账，第③④联与估价收料单第③④联一并附在发票后报账，保证发票和所附收料单金额之和一致。

2.5.3.2 车间部门领料处理流程

车间部门领料业务的处理流程如图2-46所示。

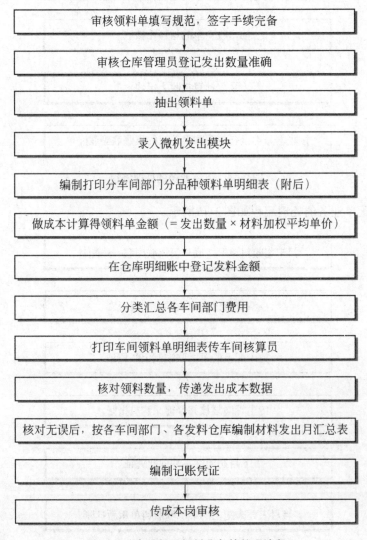

图2-46 车间部门领料业务的处理流程

2.5.3.3 结算材料仓库明细账处理流程

材料仓库明细账审核登记完毕，结出各材料余额，督促仓管员与实物核对，并将账本余额分类汇总与财务账核对。

2.5.3.4 仓库盘点处理流程

仓库盘点业务的处理流程如图2-47所示。

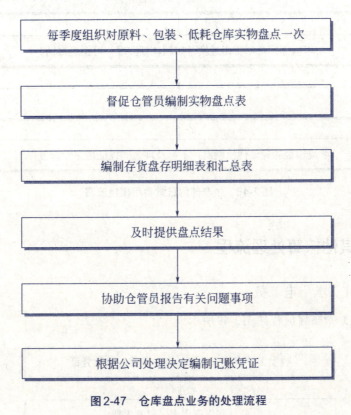

图2-47 仓库盘点业务的处理流程

2.6 生产成本核算岗会计工作流程

2.6.1 生产部门日常费用报销处理流程

生产部门日常费用报销流程如图2-48所示。

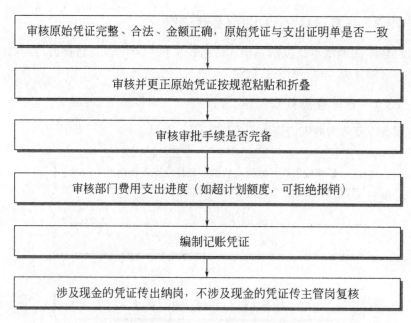

图2-48 生产部门日常费用报销流程

2.6.2 其他核算处理流程

2.6.2.1 水（电）费

水（电）费核算流程如图2-49所示。

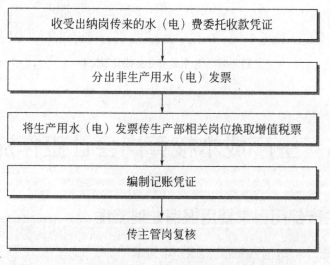

图2-49 水（电）费核算流程

2.6.2.2 审核原辅材料领用

审核原辅材料领用流程如图2-50所示。

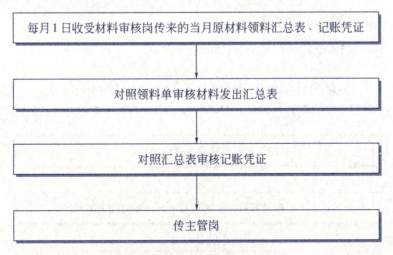

图2-50 审核原辅材料领用流程

2.6.3 制造费用及辅助生产归集与分配处理流程

2.6.3.1 生产、质保费用

生产、质保费用处理流程如图2-51所示。

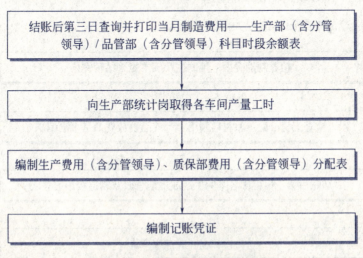

图2-51 生产、质保费用处理流程

2.6.3.2 车间制造费用

车间制造费用由财务系统自动结转，并生成记账凭证。

2.6.3.3 辅助生产成本

辅助生产成本处理流程如图2-52所示。

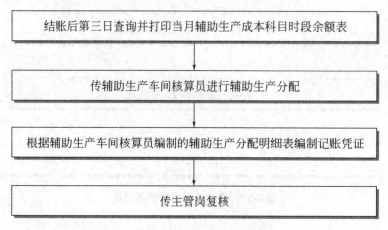

图2-52 辅助生产成本处理流程

2.6.4 生产成本核算处理流程

2.6.4.1 基本生产成本的归集

基本生产成本的归集流程如图2-53所示。

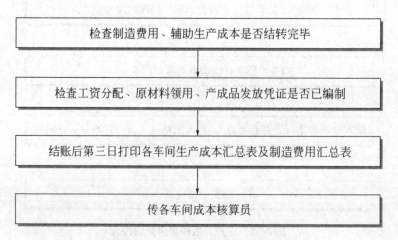

图2-53 基本生产成本的归集流程

2.6.4.2 产品成本核算

由车间成本核算员根据当月车间生产的产品品种数量、各产品耗用的工时及成本岗提供的生产成本汇总表等,将车间当月生产成本在完工产品、在产品和半成品之间,完工产品、半成品品种之间进行分配,结账后第四日编制产品成本计算表交成本核算岗。

2.6.4.3 产成品入库

(1) 审核产成品明细账。审核产成品明细账流程如图2-54所示。

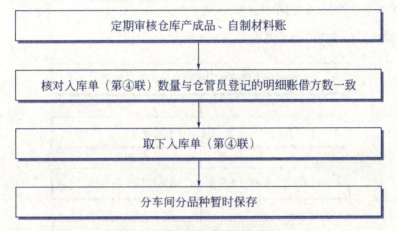

图2-54 审核产成品明细账流程

(2) 审核成本计算表。审核成本计算表业务的处理流程如图2-55所示。

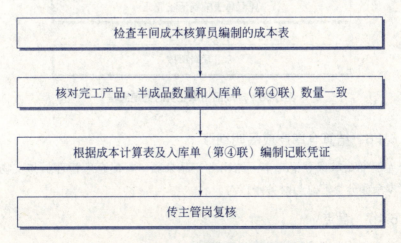

图2-55 审核成本计算表业务的处理流程

（3）编制产成品平均成本表。将每月完工产品成本资料输入"产品平均成本表"，以便动态直观反映各产品成本变动情况。

（4）登记仓库产成品（自制材料）明细账借方金额。根据已审核成本计算表，将入库产成品、自制材料成本金额登记在仓库产成品、自制材料明细账借方。

2.6.4.4 退货入库

货物退回，根据销售部开具的红字销售单，由销售核算岗按中转库上月各品种加权平均单价及退货数量计算出退货金额，并将品种、数量、单价、金额等资料编表汇总，本岗根据其汇总表，编制记账凭证。

2.6.4.5 产成品出库

产成品出库业务的处理流程如图2-56所示。

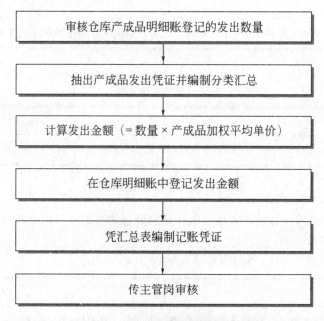

图2-56 产成品出库业务的处理流程

2.6.4.6 结算仓库产成品明细账

仓库明细账审核登记完毕，结出各产品余额，督促仓库管理员与实物核对，并将账本余额分类汇总与财务账核对。

2.6.4.7 盘点

盘点业务的处理流程如图2-57所示。

图2-57 盘点业务的处理流程

2.7 销售核算岗会计工作流程

2.7.1 库存商品核算处理流程

库存商品核算业务流程如图2-58所示。

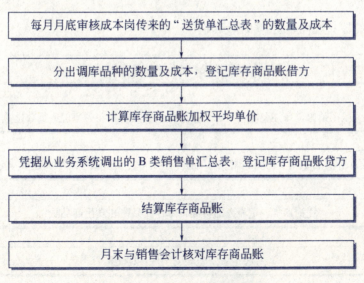

图2-58 库存商品核算业务流程

2.7.2 发出商品的核算处理流程

发出商品的核算流程如图2-59所示。

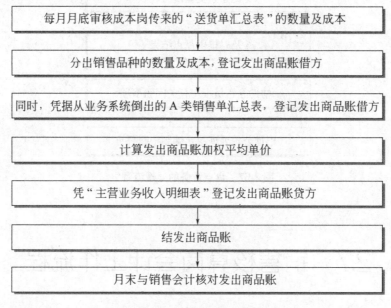

图2-59 发出商品的核算流程

2.7.3 退货的核算处理流程

退货的核算流程如图2-60所示。

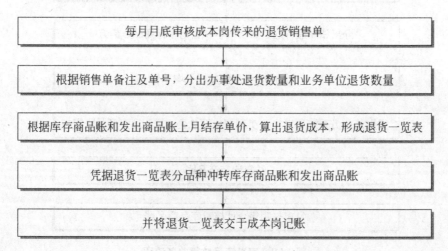

图2-60 退货的核算流程

2.7.4 主营业务收入核算处理流程

2.7.4.1 正常销售

正常销售业务的处理流程如图2-61所示。

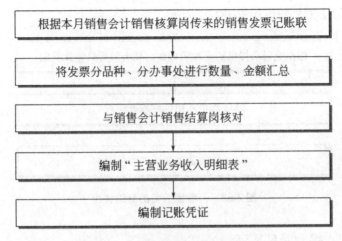

图2-61 正常销售业务的处理流程

2.7.4.2 退货

退货业务的处理流程为：发生退货时，要求客户单位退回原发票，或向公司开具销售发票。开票岗凭退回发票或客户单位开出的发票开具红字发票（当月开出的发票可作作废处理）。核算收入时以负数作正常核算。

2.7.5 主营业务成本核算处理流程

主营业务成本核算流程如图2-62所示。

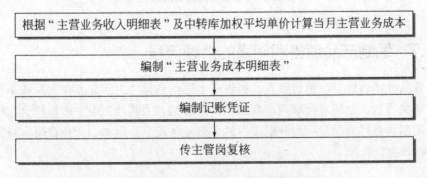

图2-62 主营业务成本核算流程

2.7.6 回款的核算处理流程

2.7.6.1 开收据

开收据业务的处理流程如图2-63所示。

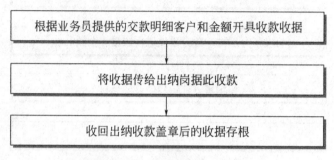

图2-63 开收据业务的处理流程

2.7.6.2 编制回款凭证

编制回款凭证的流程如图2-64所示。

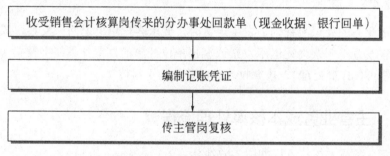

图2-64 编制回款凭证的流程

2.7.7 编制产品销售利润表的处理流程

各品种销售数量、销售收入、销售成本根据当月"主营业务收入及成本明细表"相关数量、金额进行填列,有加工收入应纳入"其他"中;销售税金、销售费用根据当月"利润及利润分配表"的主营业务税金及附加、营业费用本月发生额进行填列。

2.8 工资福利岗会计工作流程

2.8.1 工资发放处理流程

2.8.1.1 现金工资性支出

(1) 日常零星工资性支出。日常零星工资性支出账务的处理流程如图2-65所示。

图2-65 日常零星工资性支出账务的处理流程

(2) 差额工资、兑现、奖金等工资性支出。差额工资、兑现、奖金等工资性支出账务的处理流程如图2-66所示。

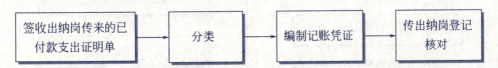

图2-66 差额工资、兑现、奖金等工资性支出账务的处理流程

2.8.1.2 员工工资发放

员工工资发放的整体业务流程如图2-67所示。

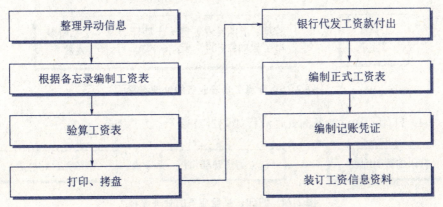

图2-67 员工工资发放的整体业务流程

（1）整理异动信息业务的处理流程如图2-68所示。

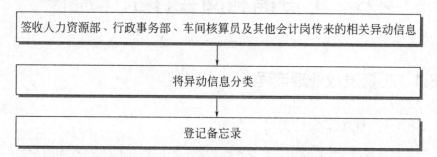

图2-68　整理异动信息业务的处理流程

（2）根据备忘录编制工资表业务的处理流程如图2-69所示。

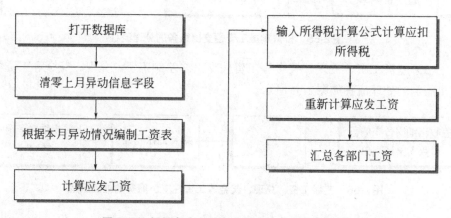

图2-69　根据备忘录编制工资表业务的处理流程

（3）验算工资表业务的处理流程如图2-70所示。

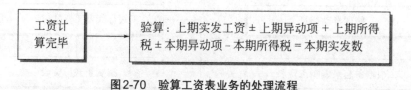

图2-70　验算工资表业务的处理流程

（4）打印、拷盘业务的处理流程如图2-71所示。

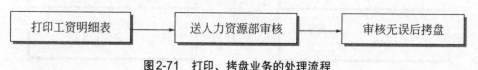

图2-71　打印、拷盘业务的处理流程

(5)银行代发工资款付出业务的处理流程如图2-72所示。

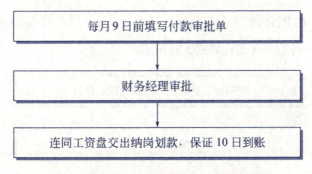

图2-72　银行代发工资款付出业务的处理流程

(6)编制正式工资表业务的处理流程如图2-73所示。

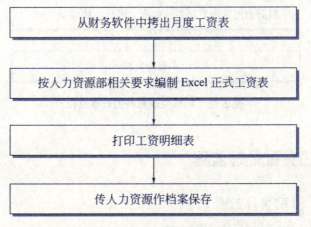

图2-73　编制正式工资表业务的处理流程

(7)编制记账凭证业务的处理流程如图2-74所示。

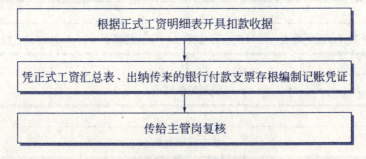

图2-74　编制记账凭证业务的处理流程

（8）装订工资信息资料。工资发放完毕，将各种信息资料分类装订成册，妥善保管。

2.8.1.3 销售兑现

销售兑现账务的处理流程如图2-75所示。

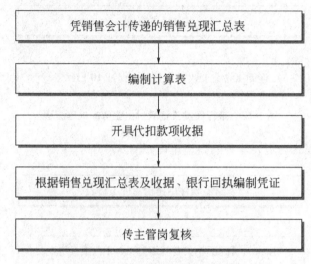

图2-75　销售兑现账务的处理流程

2.8.2　工资分配处理流程

2.8.2.1 分配当月工资

分配当月工资账务的处理流程如图2-76所示。

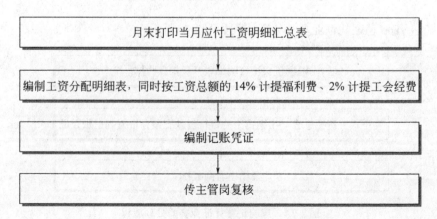

图2-76　分配当月工资账务的处理流程

2.8.2.2 提取产量工资

提取产量工资账务的处理流程如图2-77所示。

图2-77 提取产量工资账务的处理流程

2.8.3 福利性费用支出处理流程

福利性费用支出账务的处理流程如图2-78所示。

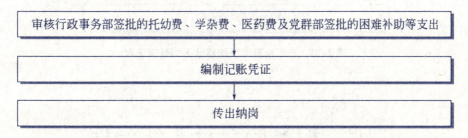

图2-78 福利性费用支出账务的处理流程

2.8.4 公积金管理处理流程

2.8.4.1 公积金变动

公积金变动账务的处理流程如图2-79所示。

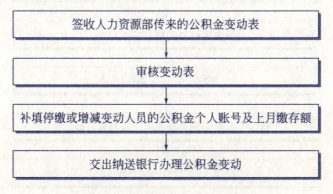

图2-79 公积金变动账务的处理流程

2.8.4.2 公积金退领及转移

公积金退领及转移业务的处理流程如图2-80所示。

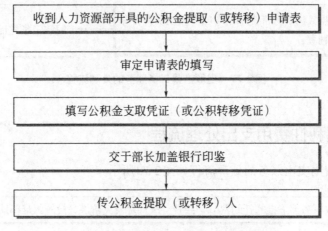

图2-80 公积金退领及转移业务的处理流程

2.9 税务岗会计工作流程

2.9.1 抄税处理流程

抄税业务的处理流程如图2-81所示。

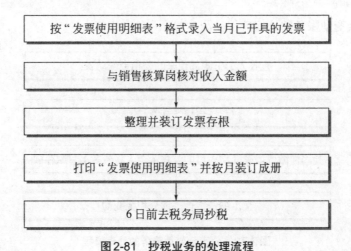

图2-81 抄税业务的处理流程

2.9.2 抵扣处理流程

抵扣业务的处理流程如图2-82所示。

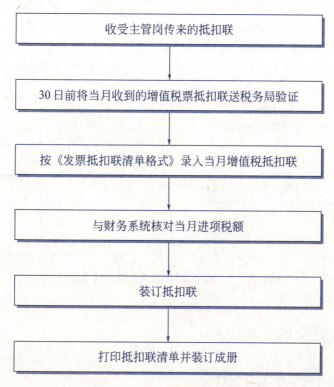

图 2-82 抵扣业务的处理流程

2.9.3 申报税款处理流程

申报税款业务的处理流程如图2-83所示。

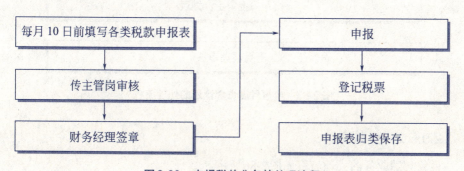

图 2-83 申报税款业务的处理流程

2.9.4 代办出口退税相关手续

代办出口退税相关手续的处理流程如图2-84所示。

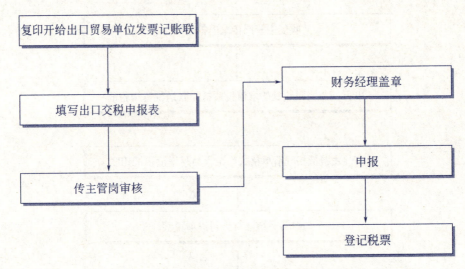

图2-84 代办出口退税相关手续的处理流程

2.9.5 税款交纳处理流程

2.9.5.1 申报月度资金计划

申报月度资金计划的处理流程如图2-85所示。

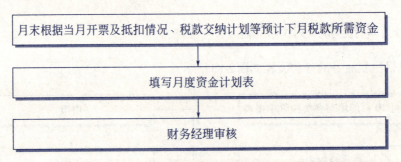

图2-85 申报月度资金计划的处理流程

2.9.5.2 税款缴纳

税款缴纳业务的处理流程如图2-86所示。

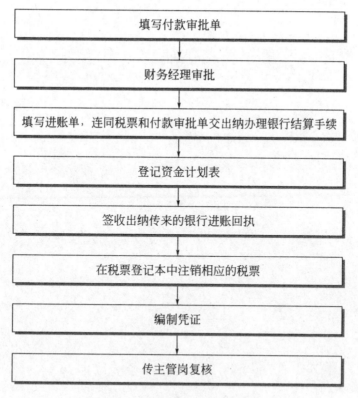

图2-86 税款缴纳业务的处理流程

2.9.6 发票的领购及使用处理流程

发票的领购及使用业务的处理流程如图2-87所示。

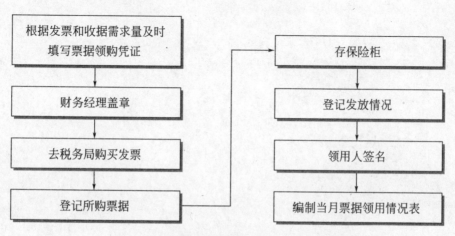

图2-87 发票的领购及使用业务的处理流程

第 3 章　会计建账记账

- 3.1 会计建账
- 3.2 总账的设置
- 3.3 日记账的设置
- 3.4 明细账的设置
- 3.5 备查账簿的设置
- 3.6 企业账簿的选择
- 3.7 年初建账的基本方法

新手会计从入门到精通——案例图解版

3.1 会计建账

新建单位和原有单位在年度开始时，会计人员均应根据核算工作的需要设置应用账簿，即平常所说的"建账"。

3.1.1 账簿设计的原则

账簿设计应做到总分结合、序时与分类相结合，层次清楚，便于分工，具体说在设计时应符合四大原则，如图3-1所示。

原则一　与企业规模和会计分工相适应的原则

企业规模较大，经济业务必然较多，会计人员的数量也相应的多，其分工较细，会计账簿也较复杂，册数也多，在设计时考虑这些特点以适应其需要；反之，企业规模小，经济业务量少，一个会计足够处理全部经济业务，在设计账簿时没有必要设多本账，所有的明细分类账可以集合成一两本即可。

原则二　既满足管理需要又避免重复设账的原则

账簿设计的目的是为了取得管理所需要的资料，因此账簿设置也以满足需要为前提，避免重复设账、记账，浪费人力物力。例如，对于材料账，一些企业在财务科设了总账和明细账，在供应科又设一套明细账，在仓库还设三级明细账，这就是重复设账。事实上若在财务科只设总账，供应科设二级明细账（按类别），仓库设二级明细账（按品名规格），一层控制一层，互相核对，数据共享，既省时又省力。

原则三　账簿设计与账务处理程序紧密配合原则

账务处理程序的设计实质上已大致规定了账簿的种类，在进行账簿的具体设计时，应充分注意已选定的账务处理程序。例如，若设计的是日记总账账务处理程序，就必须设计一本日记总账，再考虑其他账簿。又如，设计的是多栏式日记账账务处理程序，就必须设计四本多栏式日记账，分别记录现金收付和银行存款收付业务，然后再考虑设其他账簿。

原则四　账簿设计与会计报表指标相衔接的原则

会计报表是根据账簿记录编制的，报表中的有关指标应能直接从有关总分类账户或明细分类账户中取得和填列，以加速会计报表的编制，而尽量避免从几个账户中取得资料进行加减运算来填报。

图3-1　账簿设计的四大原则

 **相关链接**

一本会计账的主要构成

会计账格式多种多样，但任何一本总账、明细账和日记账等一般都由封面、扉页和账页等构成。

一、封面

封面主要用来载明账簿的名称。

二、扉页

扉页主要用来登载经管人员一览表，其主要内容如下。

（1）单位名称。

（2）账簿名称。

（3）起止页数。

（4）启用日期。

（5）单位领导人。

（6）会计主管人员。

（7）经管人员。

（8）移交人和移交日期。

（9）接管人和接管日期。

三、账页

账页是账簿的主体，在每张账页上，应载明以下内容。

（1）账户名称（亦即会计科目或明细科目）。

（2）记账日期栏。

（3）记账凭证的种类和号数。

（4）摘要栏。

（5）金额栏。

（6）总页次和分页次。

3.1.2 建账的数量

无论企业规模大小，无论会计水平高低，会计信息流的加工都来自以下"四本账"的汇集，即总分类账、明细分类账、现金日记账和银行存款日记账。

3.1.2.1 总分类账

总分类账简称为总账,一般企业只设一本总分类账,外形使用订本账。总账科目的设置可以参照《企业会计准则——应用指南》的附录:会计科目和主要账务处理。

《企业会计准则——应用指南》附录共有6类156个一级会计科目,与以往的《企业会计制度》的5类会计科目相比,多了一类"共同类"会计科目,一般企业不会涉及。建账时企业可参照以上6类标准科目,在不违反企业会计准则确认、计量和报告规定的前提下,自行设置适合自身特点的总账科目。

3.1.2.2 明细分类账

明细分类账简称为明细账,是分户登记某一类经济业务明细情况的账簿,通常是根据二级或明细科目来设置账户。明细账一般使用活页账,根据不同的科目性质采用不同的栏目。活页明细账主要包括以下内容。

(1)库存材料分类账(收、发、存数量金额式)。

(2)库存材料多栏式分类账(收、发、存数量金额式)。

(3)低值易耗品明细分类账(在库、在用)。

(4)材料采购明细账。

(5)材料成本差异明细账。

(6)分期收款发出商品明细账。

(7)委托加工存货明细账。

(8)固定资产明细分类账(登记设备与计算折旧)。

(9)生产成本明细账。

(10)制造费用明细账。

(11)管理费用明细账。

(12)销售费用明细账。

(13)财务费用明细账。

(14)应付职工薪酬明细账。

(15)产品销售明细账。

(16)应交增值税明细账。

3.1.2.3 现金日记账和银行存款日记账

无论何种企业,都存在货币资金核算问题,现金日记账和银行存款日记账是必设的,均应使用订本账。

现金日记账要求日清月结,余额应与出纳保管的库存现金相符,并杜绝资金的体外循环,杜绝"小金库"的发生。

银行存款日记账余额应与银行对账单相符,月初要编制银行存款余额调节表。现金流是企业的血液,是管理者每天都要关注的财务数据。企业财务人员必须每天及时更新和核对货币资金账目,使管理者决策做到有的放矢。

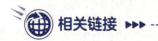

账户的基本结构和内容

一、账户的基本结构

账户分为左方(记账符号为"借")、右方(记账符号为"贷")两个方向,一方登记增加,另一方登记减少。

资产、成本、费用类账户借方登记增加额、贷方登记减少额;负债、所有者权益、收入类账户借方登记减少额、贷方登记增加额。

账户中登记本期增加的金额,称为本期增加发生额;登记本期减少的金额,称为本期减少发生额;增减相抵后的差额,称为余额,余额按照时间不同,分为期初余额和期末余额。

其基本关系如下:

期末余额=期初余额+本期增加发生额-本期减少发生额

对于资产、成本、费用类账户:

期末余额=期初余额+本期借方发生额-本期贷方发生额

对于负债、所有者权益、收入类账户:

期末余额=期初余额+本期贷方发生额-本期借方发生额

二、账户的内容

账户的内容具体包括账户名称、记录经济业务的日期、所依据记账凭证编号、经济业务摘要、增减金额、余额等。

3.1.3 建账的基本程序

建账的基本程序如图3-2所示。

按照需用的各种账簿的格式要求，预备各种账页，并将活页的账页用账夹装订成册

 在账簿的"启用表"上，写明单位名称、账簿名称、册数、编号、起止页数、启用日期以及记账人员和会计主管人员姓名，并加盖名章和单位公章。记账人员或会计主管人员在本年度调动工作时，应注明交接日期、接办人员和监交人员姓名，并由交接双方签名或盖章，以明确经济责任

 按照会计科目表的顺序、名称，在总账账页上建立总账账户；并根据总账账户明细核算的要求，在各个所属明细账户上建立二级、三级……明细账户。原有单位在年度开始建立各级账户的同时，应将上年账户余额结转过来

 启用订本式账簿，应从第一页起到最后一页卡顺序编写号码，不得跳页、缺号；使用活页式账簿，应按账户顺序编本户页次号码。各账户编列号码后，应填"账户目录"，将账户名称页次登入目录内，并粘贴索引纸（账户标签），写明账户名称，以利于检索

图 3-2　建账的基本程序

 相关链接 ▶▶▶

建账时应取得的资料

建账时应取得的资料主要有企业章程、企业法人营业执照、国地税税务登记证、验资报告等。特别是验资报告，其用处主要有：一是能佐证企业的注册资本金额，以便确定账务中实收资本金额；二是能反映股东的出资方式，是货币或是实物等。取得验资报告的主要目的是为了确定股东的出资方式。不能确定股东的出资方式是无法建账的，建账时一定要让企业主找到成立时的验资报告，注册资本发生变动的，应取得历次的验资报告。若是以实物出资，还要找到当时的评估报告。

3.2 总账的设置

3.2.1 总分类账的格式

总账又称总分类账,一般采用三栏式(见表3-1),也可采用双栏式(见表3-2)、棋盘式(见表3-3),除此之外,还可结合各种形式的汇总,而采用多栏式(如日记总账)。其中:三栏式是普遍采用的基本格式;双栏式仅适用于期末没有余额的虚账户(收入、费用等暂记性、过渡性账户);棋盘式的分类账有利于体现账户间的对应关系,但账页庞大,工作量也很大,仅适用于业务量少、运用科目也少的企业。

表3-1 总分类账(三栏式)

账户名称: 第 页

年		凭证		摘要	借方金额	贷方金额	借或贷	余额
月	日	字	号					

表3-2 总分类账(双栏式)

账户名称: 年 月 第 页

年		凭证		摘要	借方金额	贷方金额
月	日	字	号			

表 3-3　总分类账（棋盘式）

年　月　　　　　　　　　　　　　　　　　　　　　　第　页

贷方＼借方	甲科目	乙科目	……	……	……	贷方余额
甲科目						
乙科目						
……						
借方发生额						
贷方发生额						
月初余额　借方						
贷方						
月末余额　借方						
贷方						

3.2.2　建总分类账的注意事项

在建总分类账的时候，会计人员应估计每一种业务的业务量大小，将每一种业务用口取纸分开，并在口取纸上写明每一种业务的会计科目名称，以便在登记时能够及时找到应登记的账页，在将总账分页使用时，假如总账账页从第 1～10 页登记现金业务，就应在目录中写清楚"库存现金……1～10"，并且在总账账页的第 1 页贴上口取纸，口取纸上写清楚"库存现金"；第 11～20 页为银行存款业务，我们就在目录中写清楚"银行存款……11～20"，并且在总账账页的第 11 页贴上写有"银行存款"的口取纸，以此类推，总账便建好了。

3.3　日记账的设置

日记账的主要作用是按照时间的先后顺序记录经济业务，以保持会计资料的完整性和连续性。进行日记账的设置工作，要先确定其种类和数量。日记账在不同的会计核算组织形式下，其具体用途是不同的。

3.3.1　日记账用作过账媒介时的设置

如果日记账用作过账媒介（如通用日记账、日记总账核算组织形式），则要求设置一个严密完整的序时账簿体系,包括企业的所有经济业务。

在日记账用作过账媒介时,必须设置普通日记账,用于记录全部转账业务,逐日逐笔进行登记。普通日记账可以采用账户两栏式,也可采用金额双栏式,但后者更为简便易行。

3.3.2 日记账不用作过账媒介时的设置

如果日记账不用作过账媒介,则不必考虑其体系的完整性,只需设置某些特种日记账即可。通常设置的特种日记账主要包括现金日记账和银行存款日记账,极少数企业还设置销货日记账和购货日记账。

3.3.2.1 现金日记账

现金日记账是专门记录现金收付业务的特种日记账,它一般由出纳人员负责填写。现金日记账既可用作明细账,也可用于过账媒介。在现金收付业务较多的企业,也可分别设置现金收入日记账和现金支出日记账,它们只能是单栏式的日记账;现金日记账还可设置成三栏式的日记账(分别见表3-4~表3-6)。除非现金收付业务特别繁多,在一般情况下,企业只设置三栏式的现金日记账。

表3-4 现金收入日记账

借方科目:库存现金　　　　　年　月　　　　　　　第　页

年		凭证		摘要	贷方科目	金额
月	日	字	号			

表3-5 现金支出日记账

贷方科目:库存现金　　　　　年　月　　　　　　　第　页

年		凭证		摘要	借方科目	金额
月	日	字	号			

表3-6 现金日记账

年 月　　　　　　　　　　　　　　　　　　　　　　　第 页

年		凭证		摘要	支票号	对方科目	借方金额	贷方金额	余额
月	日	字	号						

3.3.2.2 银行存款日记账

银行存款日记账是用来记录银行存款收付业务的特种日记账。其设计方法与现金日记账基本相同，但须将账簿名称分别改为银行存款收入日记账、银行存款支出日记账和银行存款日记账，并将前两种账页左上角的科目名称改为"银行存款"。而且一般应相应增加每笔存款收支业务所采用的结算方式一栏，以便分类提供数据和据以进行查对、汇总。一般企业也只设置三栏式的银行存款日记账。银行存款日记账如表3-7所示。

表3-7 银行存款日记账

年		凭证编号	结算方式		摘要	借方									贷方									借或贷	余额								
月	日		种类	号码		百	十	万	千	百	十	元	角	分	百	十	万	千	百	十	元	角	分		百	十	万	千	百	十	元	角	分

3.4 明细账的设置

明细账也称明细分类账,是根据总账科目所属的明细科目设置的,用于分类登记某一类经济业务事项,提供有关明细核算资料的账簿。明细账可采用订本式、活页式、三栏式、多栏式、数量金额式。新手往往在建账初期不知道各种明细账到底适合哪些业务。

3.4.1 明细账的种类

3.4.1.1 三栏式明细账

三栏式明细账适用于只需进行金额明细核算,而不需要进行数量核算的账户。例如,债权、债务等结算账户,其他只核算金额的账户也可采纳。三栏式明细账的一般格式有收、发、存三栏式(见表3-8)和借、贷、余三栏式(见表3-9)两种。

表3-8 实物保管账

品名:　　　　　　　　　存放地点:
规格:　　　　　　　　　单位:

年		凭证		摘要	收入	发出	结存
月	日	字	号				

表3-9 ××明细账

明细科目:

年		凭证		摘要	借方金额	贷方金额	借或贷	余额
月	日	字	号					

3.4.1.2 数量金额式明细账

数量金额式明细账在"收入""发出""结存"三大栏内分别设置"数量""单价""金额"三小栏(见表3-10),一般适用于既要进行金额核算又要进行实物数量核算的各项财产物资,如原材料、库存商品等。

表3-10 ××明细账

第 页

类别			计量单位		
品名规格			存放地点		
编号			储备定额		

年		凭证		摘要	收入			发生			结存		
月	日	字	号		数量	单价	金额	数量	单价	金额	数量	单价	金额

3.4.1.3 多栏式明细账

多栏式明细账是根据管理需要,在一张账页内不仅按借、贷、余三部分设立金额栏,还要按明细科目在借方或贷方设立许多金额栏,以集中反映有关明细项目的核算资料,这种格式的明细账适用于"生产成本""制造费用""销售费用""管理费用""主营业务收入"(分产品的)等账户的明细核算,如表3-11所示。

表3-11 ××明细账

第 页

年		凭证		摘要	借方	贷方	借或贷	余额	( )分析
月	日	字	号						

此外，本年利润的形成和分配类的科目以及"应交税费——应交增值税明细账"等科目，则需采用借贷双方均多栏式的明细账，如表3-12所示。

表3-12 应交税费——应交增值税明细账

年		凭证	摘要	借方			贷方				借或贷	余额
月	日	字	号		合计	进项税额	已交税金	合计	销项税额	出口退税	进项税额转出		

3.4.1.4 平行式明细账

平行式明细分类账也叫横线登记式明细账。平行式明细分类账账页设借方和贷方两栏。其登记方法是采用横线登记，即将每一相关业务登记在一行，从而可依据每一行各个栏目的登记是否齐全来判断该项业务的进展情况。它适用于"材料采购""其他应收款"等账户的明细分类核算，由会计人员逐笔进行登记。同一行内如果借方、贷方都有记录，表明该项经济业务已处理完毕，如果只有借方记录，没有贷方记录，则表示该项经济业务还未结束。材料采购明细分类账的账页格式，如表3-13所示。

表3-13 材料采购明细分类账

物资名称或类别：　　　　　　　　　　　　　　　　　　　　　　第　　页

年		凭证		摘要	借方金额			贷方金额	余额
月	日	字	号		买价	采购费用	合计		

3.4.1.5 卡片式账簿

卡片式账簿是以发散的卡片组成，放在卡片箱中可以随取随放的一种账簿（见表3-14）。

表3-14 固定资产登记卡

总账科目：			本卡编号：		
明细科目：			财产编号：		

中文名称		抵押权设定、解除及保险记录	抵押行库	
英文名称			设定日期	
规格型号			解除日期	
厂牌号码			险别	
购置日期			承保公司	
购置金额			保单号码	
存放地点			投保日期	
耐用年限			费率	
附属设备			保险费	
			备注	

移动情形									
年	月	日	使用部门	用途	保管员	年	月	日	使用部门	用途	保管员

维修情况	年	月	日	原因

填表注意事项：
1. 本卡适用于机械设备、运输设备、机电设备，新卡的填写由管理部门填制（如认为需要可增填一份送使用部门）
2. 本卡的编号由保管卡部门自编
3. 附属设备栏：应填名称、规格及数量

如因管理需要，须另行设计表格者，须把新设表格送总管理处总经理室备查

采用这种账簿，灵活方便，可以使记录的内容详细具体，可以跨年度使用而无需更换账页，也便于分类汇总和根据管理的需要转移卡片。但这种账簿的账页容易散失和被抽换，因此，会计人员在使用时，应在卡片上连续编号，以保证安全。卡片式账簿一般适用于账页需要随着物资使用或存放地点的转移而重新排列的明细账，如固定资产明细分类账。

3.4.2 常用账户的明细分类账户设置及账页格式

常用账户的明细分类账户设置及账页格式如表3-15所示。

表3-15 常用账户的明细分类账户设置及账页格式

总账科目	明细分类账页格式	总账科目	明细分类账页格式
库存现金	日记账	固定资产	卡片
银行存款	日记账	累计折旧	不设明细账
其他货币资金	三栏式	短期借款	三栏式
资金票据	三栏式	应付票据	三栏式
应收账款	三栏式	应付账款	三栏式
其他应付款	三栏式	本年利润	不设明细账
长期借款	三栏式	利润分配	三栏式
实收资本	三栏式	生产成本	专用多栏式
资本公积	三栏式	制造费用	普通多栏式
盈余公积	三栏式	主营业务收入	普通多栏式
其他应收款	三栏式	其他业务收入	普通多栏式
材料采购	三栏式（专用多栏式）	营业外收入	普通多栏式
原材料	数量金额式	营业税金及附加	普通多栏式
库存商品	数量金额式	销售费用	普通多栏式
长期待摊费用	三栏式		

3.5 备查账簿的设置

备查账簿也称备查簿、备查登记簿或辅助账簿,是对序时账簿和分类账簿等主要未能记载或记载不全的经济业务进行补充登记的账簿。设置和登记备查账簿,可以对某些经济业务的内容提供必要的参考资料。

3.5.1 须建立备查账簿的情形

企业根据实际需要,其备查账簿的设计方式可以灵活机动,不拘一格。备查账簿的设计,主要包括图3-3所列情形。

情形一:对所有权不属于本企业,但由企业暂时使用或代为保管的财产物资,应设计相应的备查账簿,如租入固定资产登记簿、受托加工材料登记簿、代销商品登记簿等

情形二:对同一业务需要进行多方面登记的备查账簿,一般适用于大宗、贵重物资,如固定资产保管登记卡、使用登记卡等

情形三:对某些出于管理上的需要,而必须予以反映的事项的备查簿,如经济合同执行情况记录、贷款还款情况记录、重要空白凭证记录等

图3-3 须建立备查账簿的情形

3.5.2 联单备查账簿的样式

备查账簿的设计如表3-16～表3-18所示。

表3-16 应收票据备查账簿

种类	号数	出票日期	出票人	票面金额	到期日期	利率	付款人	承兑人	背书人	贴现			收回		注销	备注
										日期	贴现率	贴现额	日期	金额		

表3-17 租入固定资产登记簿

资产名称	规格	合同号	租出单位	租入日期	租期	租金	使用地点	备注

表3-18 委托加工材料登记簿

计量单位：

材料名称	规格	合同号	委托单位	接收数量	成品名称	消耗定额	预计成品量	接收日	加工日	完工日	完工量	交付日期	加工费用	备注

3.6 企业账簿的选择

会计账簿从外表形式分，有订本式、活页式，卡片式三种。订本式账簿可防止账面散失和随意抽换，活页式账簿视经济业务的多少可以随时增添账页或抽取多余的空白账页，避免浪费，卡片式账簿也具备活页式账簿的优点，但容易散失，必须严加管理。

企业究竟应设计和使用何种账簿，要视企业规模大小、经济业务的繁简、会计人员的分工、采用的核算形式以及记账的机械化程度等因素而定。表3-19所示了不同情况下账簿的选择。

表3-19 账簿选择

单位特点	应采用的核算形式	可设置的账簿体系
小规模企业（小规模纳税人）	记账凭证核算形式	现金、银行存款日记账；固定资产、材料、费用明细账；总账
	日记总账核算形式	序时账；日记总账；固定资产、材料明细账
大中型企业单位（一般纳税人）	科目汇总表核算形式，汇总记账凭证核算形式	序时账；固定资产、材料、应收（付）账款、其他应收应付款、长（短）期投资、实收资本、生产成本、费用等明细账；总账（购货簿、销货簿）
收付款业务多、转账业务少的大中型企业	多栏式日记账核算形式	四本多栏式日记账；明细分类账；总账（购货簿、销货簿）
收付款业务多、转账业务亦多的大中型企业	多栏式日记账兼汇总转账凭证核算形式	四本多栏式日记账；其他账簿
转账业务较少的大中型企业	科目汇总表兼转账日记账核算形式	序时账簿；必要的明细账、转账日记账；总账

3.7 年初建账的基本方法

在实际工作中，并不是单位所有的账簿都需要重新建立。单位哪些账簿需要重建或更换，哪些账簿不用重建，可以继续使用，存在一定规律。

3.7.1 年初新建账簿

年初需新建的账簿主要有以下几种。

（1）总账。

（2）日记账。日记账包括现金日记账和银行存款日记账等。

（3）三栏式明细账。如实收资本明细账、短期借款明细账、长期借款明细账、资本公积明细账等。

（4）收入、费用（损益类）明细账。

上述账簿必须每年更换一次，也就是在年初重新建账。建账方法如表3-20所示。

表3-20 年初重新建账的方法

序号	账簿	建账方法
1	总账	（1）根据所开账户往年登记经济业务量的大小，保留足够数量用于登记经济业务的页码，逐一开设账户，建立新账 （2）对于所开账户，将上年该账户的余额，直接抄入新账户所开第一页的首行，也就是直接"过账"。同时，在摘要栏内注明"上年结转"或"年初余额"字样，不必填制记账凭证 （3）所开账户较多的企业，在所开各个账户首页的上面贴上"口取纸"，注明所开账户名称（会计科目），便于使用者翻阅
2	日记账	（1）将现金日记账和银行存款日记账上年年末的期末余额作为本年期初余额直接登记在新账的首页第一行 （2）"日期"栏内，写上"1月1日" （3）"摘要"栏内写上"上年结转"或"期初余额"字样 （4）将现金实有数或上年年末银行存款账面数填在"余额"栏内 （5）与建新总账一样，也不必填制记账凭证
3	三栏式明细账	（1）对于这类账簿，上年年末结出余额，本年按明细建账 （2）在账页相应栏次如"日期""摘要""借或贷"及"余额"等的空白第一行里分别填上："1月1日""上年结转""借（或贷）""金额"等 （3）若企业的三栏式明细账账簿明细项目较多，应在所开各个明细账户首页的上面贴上"口取纸"，注明所开明细账户名称（明细会计科目），便于使用者翻阅
4	收入、费用明细账	（1）对于该类账簿，企业可以根据单位实际经济业务情况开设 （2）收入、支出（费用）业务较多的企业，可分别开设"收入明细账"和"支出明细账"（或"费用明细账"）等 （3）对于一些某项收入或费用较多的企业，也可以对某项收入或费用单设账簿，如"营业收入明细账""费用明细账""制造费用明细账"等各种损益类账簿 （4）若企业的收入、费用明细账账簿明细项目较多，也应在所开各个明细账户首页的上面贴上"口取纸"，注明所开明细账户名称（明细会计科目），便于使用者翻阅

3.7.2 跨年使用的账簿

跨年使用的账簿有以下几种。
（1）卡片式账簿。如固定资产卡片等。
（2）数量金额式明细账。如仓库保管员登记的数量金额式材料明细账、库存商品明细账等。
（3）备查账。如租入固定资产备查账、受托加工材料物资备查账等。这些账簿主要记录跨年租赁业务或受托加工业务的会计信息，为便于管理，该类账簿可以连续使用。

（4）债权债务明细账（也称为往来明细账）。一些单位债权债务较多，如果更换一次新账，抄写一遍的工作量较大，可以跨年使用，不必每年更换。但是，如果债权债务尚未结算的部分较少，单位应及时将未结算的债权债务转入下年新设的"债权债务明细账"中。

第 4 章 会计凭证的处理与管理

4.1 原始凭证的审核

4.2 编制记账凭证

4.3 会计凭证的管理

新手会计从入门到精通——案例图解版

4.1 原始凭证的审核

4.1.1 原始凭证的内容

原始凭证按来源分为外来原始凭证和自制原始凭证；原始凭证按填制手续和内容分为一次凭证、累计凭证和汇兑凭证，原始凭证的分类如图4-1所示。

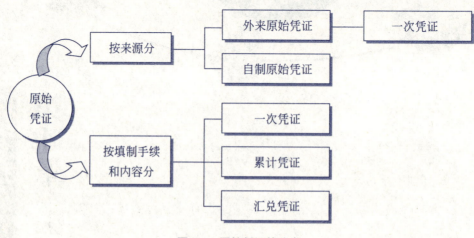

图4-1 原始凭证的分类

原始凭证的基本内容包括以下几点。
（1）原始凭证名称。
（2）填制原始凭证的日期。
（3）凭证编号。
（4）接受原始凭证的企业名称。
（5）经济业务内容（含数量、单价、金额等）。
（6）填制企业签章。
（7）有关人员签章。

4.1.2 原始凭证的填写

原始凭证是进行会计登账的重要依据，必须做到及时、准确、清晰、完整。具体的填制要求如表4-1所示。

表4-1 原始凭证的填写要点

序号	填写事项	要点提示
1	凭证内容	(1) 凭证上记载的经济业务必须真实可靠,与实际情况完全相符 (2) 内容逐项填写完整,不能遗漏
2	文字书写	凭证上的文字,用正楷字或行书书写,字迹要工整、清晰,易于辨认,不使用未经国务院颁布的简化字
3	数字填写	(1) 阿拉伯数字应逐个地写清楚,不得潦草和连笔写 (2) 金额前要写明人民币符号,即"￥" (3) 汉字大写金额数字应用正楷或行书的字体书写,不能用草书,要易于辨认,不易涂改 (4) 每笔汉字大写金额如无"分"位数字的,要在元或角之后写上"整"或"正"字;如有"分"位数字的,"分"位数字之后则不用写"整"或"正"字。例如:可以表示为"人民币贰拾陆元整""人民币贰拾陆元捌角整",但是不能表示为"人民币贰拾陆元捌角伍分整" (5) 大写金额数字之前没有印上"人民币"字样的,应填上"人民币"三个字
4	出票日期的书写	月份为1月和2月前加"零":零壹月、零贰月;11月和12月前加"壹":壹拾壹月、壹拾贰月;10月前加"零"和"壹":零壹拾月。日期中1~9前加"零",如5日,应写成"零伍日";11~19前加"壹"。如11日,应写成"壹拾壹日"。10日、20日和30日前加"零":零壹拾日、零贰拾日、零叁拾日。如2011年2月10日应该写成"贰零壹壹年零贰月零壹拾日"
5	凭证编号	(1) 各种凭证都必须连续编号 (2) 如果已经印好编号,在写坏作废时要加盖"作废"戳记,连同存根一起保存,不得随意撕毁
6	错误修改	凭证填写发生错误,应按规定的方法更正,不得任意涂改或刮擦、挖补

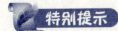

原始凭证必须及时填制,并按规定的程序及时送交财务部门审核,并据以填制记账凭证。

4.1.3 原始凭证的审核

为了保证原始凭证的真实准确,便于进行会计登账和核算,会计要对各种原始凭证进行严格审核。

4.1.3.1 审核的内容

(1) 真实性审核。审核原始凭证，首先是审核其真实性，看它是否真实。如果不是真实的，就谈不上合法性、合理性和完整性审核了。所谓真实，就是说原始凭证上反映的应当是经济业务的本来面目，不得掩盖、歪曲和颠倒真实情况。具体的审核要求如图4-2所示。

业务双方当事人	原始凭证的开出方、接受方、填制责任人必须据实填写，不得冒他人之名，也不得填写假名
基本信息	(1) 经济业务的时间必须填写准确，不能提前或推后 (2) 业务的发生地点必须准确、真实 (3) 凭证的填制日期必须真实，不能任意改变
业务内容	注明具体的业务名称，以及该业务的具体内容，如日期、地点、各种报销费用、交通工具等

图4-2 原始凭证真实性审核要点

(2) 合法性审核。合法性审核是审核原始凭证所记载的经济业务是否符合有关财经纪律、法规、制度等的规定，有无违法乱纪行为，若有，应予揭露和制止。根据《会计法》的规定，对不真实、不合法的原始凭证，有权不予接受，并向企业负责人报告。

(3) 合理性审核。合理性审核，审核经济业务的发生是否符合本企业事先制订的计划、预算等的要求，有无不讲经济效益、脱离目标的现象，是否符合费用开支标准，有无铺张浪费的行为。

(4) 完整性审核。完整性审核是指审核原始凭证是否将有关内容填写齐全，各项目是否按要求填写。具体要点如图4-3所示。

要点一	原始凭证的各构成要素是否齐全
要点二	各要素内容填制得是否正确、完整、清晰，特别是对凭证中所记录的数量、金额的正确性要进行认真审核，检查金额计算有无差错，大小写金额是否一致等
要点三	各经办部门和人员签章是否齐全。根据《会计法》规定，对记载不准确、不完整的原始凭证予以退回，并要求按照国家统一的会计制度的规定更正、补充

图4-3 完整性审核要点

4.1.3.2 审核结果的处理

经审核的原始凭证应根据不同情况处理,如图4-4所示。

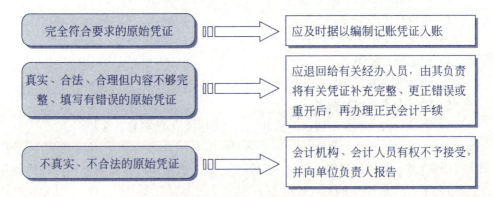

图4-4 不同情况审核结果的处理

4.2 编制记账凭证

4.2.1 记账凭证的分类

记账凭证的分类如图4-5所示。

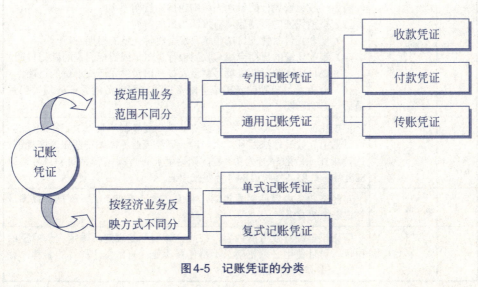

图4-5 记账凭证的分类

4.2.2　记账凭证的内容

各种记账凭证虽然格式有所不同，但一般都具备以下内容。
（1）填制单位的名称。
（2）记账凭证的名称。
（3）记账凭证的编号。
（4）编制凭证的日期。
（5）经济业务的内容摘要。
（6）会计科目（包括一级、二级和三级明细科目）的名称、金额。
（7）所附原始凭证的张数。
（8）填证、审核、记账、会计主管等有关人员的签章，收款凭证和付款凭证还应由出纳人员签名或盖章。

4.2.3　记账凭证的填制

4.2.3.1　填制要求

必须根据审核无误的原始凭证填制记账凭证。填制记账凭证要严格按照规定的格式和内容进行，除必须做到记录真实、内容完整、填制及时、书写清楚之外，还必须符合下列要求（见表4-2）。

表4-2　记账凭证的填制要求

序号	栏目	填制要求
1	记账凭证的日期	（1）一般记账凭证的日期为填制当日的日期 （2）报销凭证的日期应填写报销当日的日期 （3）现金收付款凭证日期应填写现金收付当日的日期 （4）银收凭证的日期应填写收到银行进账单或银行回执的戳记日期 （5）银付凭证的日期应填写财会人员开出银付凭证或承付的日期 （6）财务人员自制的计提或分配费用等转账业务的凭证应填写当月最后一天的日期
2	编号	记账凭证应连续编号。一笔经济业务需要填制两张以上记账凭证的，可以采用分数编号法编号。例如，一笔经济业务需编制四张转账凭证，该转账凭证的顺序号为第8号，则这笔业务可编制转字第81/4号、第82/4号、第83/4号和第84/4号四张凭证
3	摘要	对经济业务内容的简要说明，要求文字说明要简练、概括，以满足登记账簿的要求
4	科目	应当根据经济业务的内容，按照会计制度的规定，确定应借应贷的科目。科目使用必须正确，不得任意改变、简化会计科目的名称，有关的二级或明细科目要填写齐全

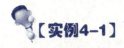

【实例4-1】

　　公司行政部张三出差回来,报销差旅费为2000元,会计以现金支付。据此,可制作付款凭证。具体的填写方法如下。

（1）"摘要"栏。填写"支付行政部张三报销差旅费"。

（2）"借方科目"栏。由于报销差旅费属于管理费用,因此填写"管理费用——差旅费"。

（3）"贷方科目"栏。使用的是现金支付,应填写"现金"。

（4）"金额"栏。填写"2000元"。

（5）"编号"栏。填写"现付字第×号"。

（6）"时间"栏。填写具体的日期。

以下是按要求填写后的付款凭证。

××公司付款凭证

贷方科目：现金　　　　××××年×月×日　　　　现付字第×号

摘要	借方科目	金额		附件
		一级科目	二级科目	
支付行政部张三报销差旅费	管理费用——差旅费	2000.00	2000.00	张
合计		2000.00	2000.00	

会计主管：×××　记账：×××　出纳：×××　复核：×××　制单：×××

4.2.3.2　注意事项

（1）记账凭证可以根据每一张原始凭证填制,或者根据若干张同类原始凭证汇总填制,也可以根据原始凭证汇总表填制。但不得将不同内容和类别的原始凭证汇总填制在一张记账凭证上。例如：不能将购货发票和销货发票汇总到一起。

（2）除结账和更正错误的记账凭证可以不附原始凭证外,其他记账凭证必须附有原始凭证。一张原始凭证如涉及几张记账凭证的,可以把原始凭证附在一张主要的记账凭证后面,并在其他记账凭证上注明附有该原始凭证的记账凭证的编号或者附上该原始凭证的复印件。

　　一张原始凭证所列的支出需要由几个单位共同负担时,应当由保存该原始凭证的单位开具原始凭证分割单给其他应负担的单位,如表4-3和表4-4所示。

表4-3 原始凭证分割单（1）

需分割凭证名称：　　　　　　　分割日期：　　　　　　　单位：元

填制凭证单位名称				接受分割单单位名称					
序号	分割类别	经济业务内容	分割前总额	单位	分割量	单价	分割金额	备注	
1									
2									
3									
4									
5									
6	分割金额合计大写								

填制人：　　　　　　　　　　经办人：　　　　　　　　　接受人：

说明：本分割单一式两份，填制单位一份，接受单位一份。

表4-4 原始凭证分割单（2）

接受单位名称		地址									
原始凭证	单位名称	地址									
	凭证名称		日期			编号					
总金额		人民币（大写）	千	百	十	万	千	百	十	元	角	分
分割金额		人民币（大写）	千	百	十	万	千	百	十	元	角	分
原始凭证主要内容、分割原因											
备注		该原始凭证附在本单位　　年　　月　　日第　　号记账凭证内。									

单位名称（公章）：　　　　　　　会计：　　　　　　　　　制单：

（3）记账凭证应按行次逐项填写，不得跳行，如果在最后一笔数字与合计数之间有空行，应在金额栏画斜线或闪电号注销。

4.2.3.3 收款凭证的填制方法

收款凭证根据有关现金、银行存款收款业务的原始凭证填制。收款凭证左上角的"借方科目"按收款的性质填写"库存现金"或"银行存款"。

【实例4-2】

2018年2月10日，接银行收款通知，收到投资单位投入资金200000元，存入银行存款户（假定为本月第一笔银收业务，只有一张原始凭证）。

发生上述业务后，会计根据审核无误的原始凭证填制银行存款收款凭证，其内容与格式如下表所示。

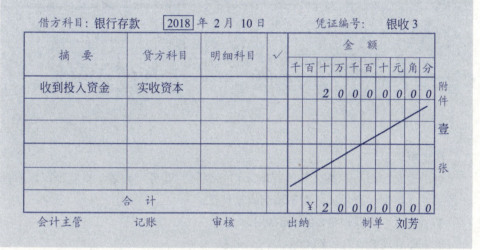

4.2.3.4 付款凭证的填制方法

付款凭证根据有关现金、银行存款付款业务的原始凭证填制。付款凭证的编制方法与收款凭证基本相同，只是左上角由"借方科目"换为"贷方科目"，凭证中间的"贷方科目"换为"借方科目"。

【实例4-3】

2018年2月8日，购入材料一批，买价28960.00元，用银行存款支付购料款（假定为本月第二笔银付业务，共有5张原始凭证）。

发生上述业务后，会计根据审核无误的原始凭证填制银行存款付款凭证，其内容与格式如下表所示。

付 款 凭 证

贷方科目：银行存款　　2018 年 2 月 8 日　　凭证编号：　银付 2

摘 要	借方科目	明细科目	✓	金　额 千百十万千百十元角分
购入材料一批	原材料			2 8 9 6 0 0 0
合　计				￥ 2 8 9 6 0 0 0

会计主管　　　记账　　　审核　　　出纳　　　制单　刘芳

附件 伍 张

注意事项：

对于现金和银行存款之间的存取（相互划转）业务，为避免重复记账，应统一按减少方填制付款凭证，而不填制收款凭证。

如：从银行提取现金 8 000 元备用。

借：库存现金　　　8 000　　　收款
　　贷：银行存款　　8 000　　　付款

这一业务应填制银付凭证，而不必填制现收凭证。

如：将现金 20 000 元存入银行。

借：银行存款　　　20 000　　　收款
　　贷：库存现金　　20 000　　　付款

这一业务应填制现付凭证，而不必填制银收凭证。

4.2.3.5　转账凭证的填制方法

转账凭证记录与货币资金收付无关的经济业务。根据不涉及现金、银行存款收付的有关转账业务的原始凭证填制。转账凭证将经济业务事项中所涉及全部会计科目，按照先借后贷的顺序记入"会计科目"栏中的"一级科目"和"二级及明细科目"，并按应借、应贷方向分别记入"借方金额"或"贷方金额"栏。其他项目的填列与收、付款凭证相同。

【实例4-4】

2018年2月16日,销售部经理罗三报销差旅费986元(假定为本月第十一笔非现金、银行存款业务,共有3张原始凭证)。

发生上述业务后,会计根据审核无误的原始凭证填制转账凭证,其内容与格式如下表所示。

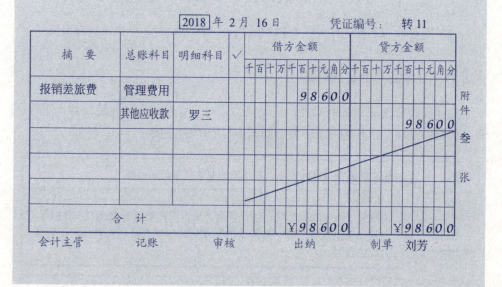

4.2.4 记账凭证发生错误时的处理

4.2.4.1 填制时(未入账)

应当重新填制。

4.2.4.2 已登记入账的记账凭证错误更正

(1)在当年内发现填写错误时,其处理方法如图4-6所示。

处理一 金额以外有错

先用红字填写一张与原内容相同的记账凭证，在摘要栏注明"注销某月某日某号凭证"字样，同时再用蓝字重新填制一张正确的记账凭证，注明"订正某月某日某号凭证"字样

处理二 会计科目没有错误，只是金额错误

可将正确数字与错误数字之间的差额，另编一张调整的记账凭证：调增金额用蓝字、调减金额用红字

图4-6　在当年内发现填写错误时的两种处理方法

（2）发现以前年度记账凭证有错误的应当用蓝字填制一张更正的记账凭证。

4.2.5　记账凭证的审核

为了保证账簿记录的准确性，记账前必须对已编制的记账凭证由专人进行认真、严格的审核。审核的内容主要有如图4-7所示几个方面。

要点一 按原始凭证审核的要求，对所附的原始凭证进行复核

要点二 记账凭证所附的原始凭证是否齐全，是否同所附原始凭证的内容相符，金额是否一致等。对一些需要单独保管的原始凭证和文件，应在凭证上加注说明

要点三 凭证中会计科目使用是否准确。应借、应贷的金额是否一致，账户的对应关系是否清晰，核算的内容是否符合会计制度的规定等

要点四 记账凭证所需要填写的项目是否齐全，有关人员是否都已经签章等

图4-7　记账凭证的审核要点

特别提示

在审核中如发现记账凭证有记录不全或错误时，应重新填制或按规定办理更正手续。只有经过审核无误的记账凭证，才能据以登记账簿。

4.2.6 记账凭证附件的处理

记账凭证的附件就是所附的各类原始凭证。因此,各种原始凭证必须附在相应的记账凭证后面,并标明所附的具体张数。

4.2.6.1 附件的整理

由于各种附件种类多且外形大小不一,因此,为了便于装订保管有必要对其进行必要的整理。整理要点如图4-8所示。

要点一	在保证原始凭证内容的准确、完整的前提下,可以裁剪掉附件的多余部分
要点二	过宽、过长的附件,应进行纵向和横向的折叠。折叠后的附件外形尺寸,不应长于或宽于记账凭证
要点三	过窄过短的附件,应进行必要的粘贴加工。可以将其贴于特制的原始凭证粘贴纸上,然后再装订粘贴纸

图4-8 附件的整理要点

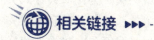
相关链接

原始凭证的粘贴

原始凭证粘贴纸的外形尺寸要与记账凭证完全一致,纸上可先印一个合适的方框,各种不能直接装订的原始凭证,如车票、报销发票等,都应分类整齐地粘贴在方框内,不得超出。

粘贴时应横向进行,从右至左,并应粘贴在原始凭证的左边,逐张左移,后一张右边压住前一张的左边,每张附件只粘贴左边的0.6~1厘米长,粘牢即可。

粘好以后要检查是否都已经粘牢,可以用手捏住记账凭证的左上角抖动。
最后要在粘贴单的空白处分别写出每一类原始凭证的张数、单价与总金额。

4.2.6.2 附件的处理

对各种附件应当区别不同情况进行处理,如图4-9所示。

各种原始凭证必须分类整理后，才能附在记账凭证后。绝不能将不同内容和类别的原始凭证汇总填制在一张记账凭证上 —— 要点一

除结账的记账凭证和更正错误的记账凭证可以不附原始凭证外，其他都必须附有原始凭证 —— 要点二

图4-9 附件的处理要点

特别提示

如果一张原始凭证涉及几张记账凭证，可以把原始凭证附在一张主要的记账凭证后面，并在其他记账凭证上注明附有该原始凭证的记账凭证的编号或者附原始凭证复印件。

4.3 会计凭证的管理

根据财政部《会计基础工作规范》第五十五条第二款的规定，记账凭证登记完毕后，应当按照分类和编号顺序进行保管，不得散乱或丢失。为此，会计人员必须对会计凭证进行装订，对于记账凭证，应当连同所附的原始凭证或者原始凭证汇总表，按照编号顺序，折叠整齐；按期装订成册，加具封面，在封面上编好卷号，并在明显处标明凭证种类编号，由装订人在装订线封签处签名或者盖章；最后按编号顺序入柜，以便调阅。

4.3.1 会计凭证的传递

会计凭证的传递是指从会计凭证取得或填制时起到归档保管时止，在单位有关部门和人员之间的传递，具体如图4-10所示。

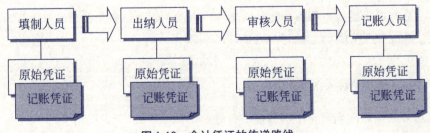

图4-10 会计凭证的传递路线

4.3.2 会计凭证的整理与装订

会计凭证的整理与装订是指把定期整理完毕的会计凭证按照编号顺序，外加封面、封底，装订成册，并在装订线上加贴封签。

4.3.2.1 装订前的设计

有的单位经济业务较少，一个月的记账凭证可能只有几十张，装订起来只有一册；有的单位经济业务频繁，一个月的记账凭证可能有几百张或几千张，装订起来就是十几册或几十册。

装订之前，要设计一下，看一个月的记账凭证究竟订成几册为好。每册的厚薄应基本保持一致，厚度一般以1.5～2.0厘米为宜。不能把几张同属于一份记账凭证及所附的原始凭证拆开装订在两册之中。另外，还要再次检查一下所附原始凭证是否全部加工折叠、整理完毕。凡超过记账凭证宽度和长度的原始凭证，都要整齐地折叠进去。要特别注意装订线眼处的折叠方法，防止装订以后再也翻不开了。

4.3.2.2 做好装订工具的配备

一般装订工具配备如下：闸刀1架；取钉器1只；大剪刀1把；大针1枚（钢钩子针或用回形针折成V形）；装订线若干；手电钻1把（或装订机1台）；胶水1瓶；装订台1张；铁榔头1把；木垫板1块；铁夹若干只；美工刀1把等。

4.3.2.3 做好装订前的检查和准备工作

（1）将会计凭证按顺序排列放在工作台上，检查记账凭证是否分月按数字的正常顺序连续编号（如1、2、3…），是否有跳号或重号现象。

（2）摘除记账凭证内的金属物（如订书钉、大头针、回形针）。

（3）整理检查记账凭证顺序号，如有颠倒须重新排列，发现缺号需查明原因后，再检查附件有否漏缺，领料单、入库单、工资单、奖金发放单是否随附齐全等。

（4）检查记账凭证上有关人员（如财务主管、复核、记账、制单等）的印章是否齐全。

（5）垫角纸。可用120克左右厚度的牛皮纸裁成边长为4.5厘米的正方形，然后再对角线裁下，一分为二。

（6）包角纸，可在所在地会计档案专用商店购买。

（7）准备好封皮。

所有会计凭证都要加具封皮（包括封面和封底）。封皮应采用较为结实、耐磨、韧性较强的牛皮纸等。记账凭证封面应注明单位名称、凭证种类、凭证编号的顺序号码、凭证所反映的经济业务发生的日期、凭证的起止号码、本札凭证的册数和张数，以及有关经办人员的签章。会计凭证封面如图4-11所示。

会计凭证封面

单位名称：			
日期：自　　年　　月　　日限至　　年　　月　　日止			
凭证号数：自　　　号至　　　号　凭证类别：			
册数：　　　本月共：　　　册　本册是第　　　册			
原始凭证：汇兑凭证张数：共　　　张			
全宗号：　　　目录号：　　　案卷号：			
会计：　　复核：　　装订人：　　年　月　日装订			

图4-11　会计凭证封面

抽出附件登记表的内容如表4-5所示。

表4-5　抽出附件登记表

抽出日期			原始凭证号码	抽出附件的详细名称	抽出理由	抽取人签章	会计主管签章	备注
年	月	日						

特别提示

根据财政部《会计基础工作规范》第五十五条第三款的规定，会计凭证装订时，对于那些重要的原始凭证，比如各种经济合同、存出保证金收据、涉外文件、契约等，为了便于日后查阅，可以不附在记账凭证之后，另编目录，单独保管，然后在相关的记账凭证和原始凭证上相互注明日期和编号，以便日后核对。

4.3.2.4 装订

为了使装订成册的会计凭证外形美观,在装订时要考虑到凭证的整齐均匀,特别是装订线的位置,如果太薄时可用纸折一些三角形纸条,均匀地垫在此处,以保证它的厚度与凭证中间的厚度一致。正式装订时,按以下顺序进行装订。

(1)将凭证封面和封底裁开,分别附在凭证前面和后面,再拿一张质地相同的纸,放在封面上面,做护角之用。折叠整齐,用两个铁夹分别夹住凭证的上侧和左侧。

(2)用铅笔在凭证的左上角画一个边长为5厘米的分角线,将直角分成两个45度角,如图4-12所示。

(3)在分角线的适当位置上选两个点打孔作为装订线眼,这两孔的位置可在距左上角的顶端2~4厘米的范围内确定,如图4-13所示。

 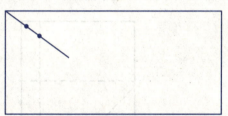

图4-12 边长为5厘米的分角线　　图4-13 左上角的顶端2~4厘米的范围

(4)用缝毛衣针引线绳沿虚线方向穿绕两孔若干次,并在凭证背面打结,如图4-14所示。

(5)将放在最上方的牛皮纸裁成一条宽6厘米左右的包角纸条,先从记账凭证的背面折叠纸条粘贴成如图4-15所示形状。

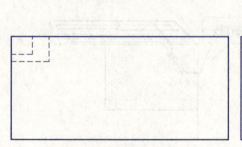 

图4-14 毛衣针引线绳沿虚线方向穿绕两孔若干次　　图4-15 宽6厘米左右的包角纸条

(6)从正面折叠纸条,粘贴成如图4-16所示形状。

(7)将正面未粘叠的包角纸条向后折叠,裁去一个三角形,与背后的包角纸条重叠、粘牢。包角后的记账凭证如图4-17所示。

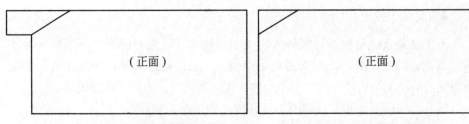

图4-16 从正面折叠纸条　　　　　图4-17 包角后的记账凭证

4.3.2.5 装订的具体要求

装订的具体要求如下。

（1）上边和左边要对齐，如果原始凭证大于记账凭证，右边和下边要折叠，如图4-18所示，以便于翻开。

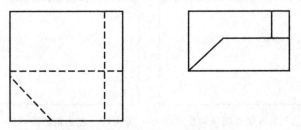

图4-18 上边和左边要对齐，如果原始凭证大于记账凭证，右边和下边要折叠

（2）装订线在左上角，并订入一张包角纸，装订完成后将包角纸翻过去在背面粘上，将线头包进去，盖上装订人的图章，以示负责（见图4-19，黄色部分为包角纸，红色圆点为洞眼，蓝色为装订线）。

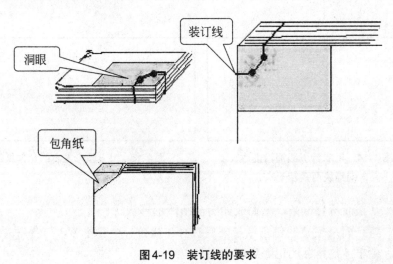

图4-19 装订线的要求

4.3.3 会计凭证的立卷、归档

4.3.3.1 认真填写好会计凭证封面

认真填写好会计凭证封面,封面各记事栏是事后查账和查证有关事项的最基础的索引和凭证。"启用日期"要把年、月、日写全;"单位名称"要写全称;"本月共××册,本册是××册"要写清楚;"凭证张数"填本册共多少张;记账凭证号数"自第×号至第×号"一栏要填写清晰;"保管期限"是按规定要求本册凭证应保管多少年。还要把原始凭证及记账凭证总页数,按照记账凭证所属原始凭证张数加计清点,准确填好数字。装订年、月、日要如实填写。会计主管人员要盖章,装订线应有封口,并加盖骑缝章。

4.3.3.2 填好卷脊上的项目

卷脊上一般应写上是"某年某月凭证"和案卷号。案卷号主要是为了便于保存和查找,一般由档案管理部门统一编号,卷脊上的编号应与封面案卷号一致。

4.3.3.3 归档

将装订好的凭证按年统一编流水号,卷号与记账凭证册数编号应当一致,然后入盒,由专人负责保管。

4.3.4 会计凭证的保管

要妥善保管好会计凭证,在保管期间会计凭证不得外借,对超过所规定期限(一般是15年)的会计凭证,要严格依照有关程序销毁。需永久保留的有关会计凭证不能销毁。会计凭证归档保管的主要要求有以下几点。

(1)每月记账完毕,要将本月各种记账凭证加以整理,检查有无缺号和附件是否齐全,然后按顺序号排列,装订成册。

> **特别提示**
>
> 如果在一个月内,凭证数量过多,可分装若干册,在封面上加注共几册字样。

(2)装订成册的会计凭证,应集中保管,并指定专人负责。查阅时,要有一定的手续制度。

(3)每年装订成册的会计凭证,在年度终了时可暂由财务部保管1年,期满后要交行政部资料室统一归档保管。

（4）会计凭证应加贴封条，防止抽换凭证。原始凭证不得外借，其他单位如有特殊原因确实需要使用时，经本单位财务负责人批准，可以复制，但必须登记在"原始凭证外借登记表"上，如表4-6所示。

表4-6 原始凭证外借登记表

凭证编号	名称	主要内容	外借日期	外借使用期限	借用人	经办人	备注

（5）原始凭证较多时，可以单独装订，但应在凭证封面注明所属记账凭证的日期、编号和种类，同时在所属的记账凭证上应注明"附件另订"及原始凭证的名称和编号，以便查阅。

特别提示

对各种重要的原始单据，以及各种需要随时查阅和退回的单据，应另编目录，单独登记保管，并在有关的记账凭证和原始凭证上相互注明日期和编号。

（6）会计凭证的保管期限和销毁手续，必须严格执行会计制度的规定。

第5章 记账

- 5.1 借贷记账法
- 5.2 登记分类账法
- 5.3 结账
- 5.4 对账
- 5.5 更正错账

5.1 借贷记账法

根据相关财会法规的规定，企业在记账时一定要采用借贷记账法，即以"借""贷"为记账符号，记录经济业务的复式记账法。

5.1.1 账户结构

借贷记账法把账户分为左右两方，左方称为"借方"，右方称为"贷方"，用以登记增加或减少的金额。至于哪一方登记增加数、哪一方登记减少数，则由账户的基本性质决定。但是，账户左右两方必须进行相反的登记，即一方登记增加数，另一方必须登记相对应的减少数。

> **特别提示**
>
> 会计人员在具体登记时，资产类和成本费用类账户的借方登记增加额，贷方登记减少额。而负债类、所有者权益类和收入类账户的借方登记减少额，贷方登记增加额。

在一定时期内，每个账户的借方和贷方所登记的金额合计数叫"本期发生额"。本期发生额分为借方本期发生额和贷方本期发生额。在一定时期末结出的账户余额，称为"期末余额"，用来反映某一账户本期资金增减变动结果。期末余额分为借方余额和贷方余额两种。

各种账户的基本结构及余额计算如表5-1所示。

表5-1 账户结构

账户类别	借方	贷方	期末余额	期末余额计算
资产类	增加额	减少额	通常有余额，且在借方	期末余额=期初余额+本期借方发生额−本期贷方发生额
负债类	减少额	增加额	通常有余额，在贷方	期末余额=期初余额+本期贷方发生额−本期借方发生额
所有者权益类	减少额	增加额	通常有余额，在贷方	期末余额=期初余额+本期贷方发生额−本期借方发生额
成本费用类	增加额	减少额	如果有余额，且在借方	期末余额=期初余额+本期借方发生额−本期贷方发生额
收入类	减少额	增加额	收入额从借方转入"本年利润"，因此没有余额	无余额，不用计算

特别提示

期间费用成本账户与资产类账户结构相似,但是在期末应将费用额从贷方转入"本年利润",结转后没有余额。

5.1.2 记账依据

借贷记账法是以"资产=负债+所有者权益"这一会计恒等式作为记账的依据。该等式是记账、试算平衡、制作会计报表的基础。等式两边的要素同时增加或减少。在负债不变的前提下,资产与所有者权益同增同减。

必须注意的是该等式并不是忽略了收入、费用和利润。因为三者也存在一个等式:利润=收入-费用。到了会计期末,利润要按照规定进行分配,所剩的部分归入到所有者权益。因此,会计恒等式实质上概括了各个会计要素的总体关系。

5.1.3 记账要求

"有借必有贷,借贷必相等"是会计记账的基本要求。具体来说应做到以下几点。

(1)每一笔经济业务,都必须同时分别记录到两个或两个以上相互联系的账户中。

(2)每一笔经济业务必须做借贷相反的记录。

(3)记入借贷双方的金额必须相等,且在合计时也必须相等。

会计人员在做实际登账时,可依以下程序进行,如图5-1所示。

图5-1 记账的一般步骤

5.1.4 制作会计分录

会计分录是指对某项经济业务标明其应借应贷账户及其金额的记录。企业采用借贷记账法,在各种经济业务正式登账前,都要制作相应的会计分录。

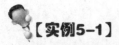
【实例5-1】

企业采购一批原材料,价款20000元,以银行存款支付。

这项经济业务使资产类账户"原材料"增加20000元,同时使资产类账户"银行存款"减少20000元,根据借贷记账法的要求,制作会计分录如下。

借:原材料　　　　　　　　　　　　　　　　20000
　　贷:银行存款　　　　　　　　　　　　　　20000

企业以现金交纳税金3000元。此项业务使资产类账户"现金"减少3000元,同时使负债类账户"应交税费"增加3000元,制作会计分录如下。

借:应交税费　　　　　　　　　　　　　　　　3000
　　贷:现金　　　　　　　　　　　　　　　　3000

5.1.5 试算平衡

在借贷记账法下,由于遵循了"有借必有贷,借贷必相等"的规则,因此,在一定的会计期间,所有账户的借方、贷方发生额必须平衡,借方、贷方期末余额也必须平衡。根据对相关的账户进行汇总、计算,以检查账户的记录是否准确、完整,这个过程就是试算平衡。

试算平衡公式如下:

全部账户本期借方发生额合计=全部账户本期贷方发生额合计

全部账户的借方期末余额合计=全部账户的贷方期末余额合计

具体在操作时,会计人员可以借助试算平衡表来进行,如表5-2所示。

表5-2　试算平衡表

年　月　　　　　　　　　　　　　　　　　　　　　　单位:元

账户名称	期初余额		本期发生额		期末余额	
	借方	贷方	借方	贷方	借方	贷方
合计						

特别提示

如果试算不平衡,说明账户的记录肯定有错。如果试算平衡,也不能排除记录或计算的错误。因为有些错误如账户的错记、漏记、方向记反等,并不影响借贷双方的平衡。

5.2 登记分类法

由于各种日记账是由出纳负责登记。因此,会计主要负责对其进行检查监督,并在月末根据日记账的合计数分别登记总账。

5.2.1 登记明细分类账

明细分类账是按照各个明细账户分类登记经济业务的账簿,通常采用三栏式、多栏式和数量金额式等格式。

5.2.1.1 三栏式明细账

三栏式明细分类账在账页中只设借方、贷方和余额三栏,多用于只需要反映价值信息的经济业务,如应收账款、应付账款、短期借款等。在记账时,要根据审核后的记账凭证,按照经济业务发生的时间先后进行登记。

特别提示

固定资产、债权、债务等明细账必须逐日逐笔登记。其他明细账如库存商品、原材料等可以逐笔登记,也可定期汇总登记。

以下是几种明细账示例,如表5-3～表5-5所示。

表5-3 明细分类账（一）

总账科目：
明细科目：固定资产_____   第   页

2019年		凭证字、号	摘要	借方	贷方	借或贷	余额
月	日						
			期初余额			借	20000
1	23	12	购买固定资产	50000			
1	24	13	盘盈固定资产	30000			
			本月合计	80000		借	100000

表5-4 明细分类账（二）

总账科目：
明细科目：库存商品_____   第   页

2019年		凭证字、号	摘要	借方	贷方	借或贷	余额
月	日						
			期初余额			借	30000
1	24	31	购入商品	30000			
1	25	32	盘亏库存商品		3000		
1	31	33	结转已销商品成本		12000		
			本月合计	30000	15000	借	45000

表5-5 明细分类账（三）

总账科目：
明细科目：管理费用_____   第   页

2019年		凭证字、号	摘要	借方	贷方	借或贷	余额
月	日						
3	1		期初余额			平	0
3	24	31	报销差旅费	5000			
3	25	32	支付维修费	100			
3	25	33	购入办公用品	500			
3	27	34	餐饮费	800			
3	29	35	计提折旧	1000			
3	29	36	分配工资	80000			
3	30	37	计提福利费	30000			
3	31	38	将成本转入本年利润		117400		
			本月合计	117400	117400	平	0

5.2.1.2 多栏式明细账

多栏式明细分类账是将属于同一个总账科目的各个明细科目合并在一张账页上进行登记,即在借方或贷方金额栏内按照明细项目设若干专栏。通常适用于收入、成本、费用、利润等的核算。

 **特别提示**

在实际工作中,成本费用类科目的明细账,可以只按借方发生额设置专栏,贷方发生额由于每月发生的笔数很少,可以在借方直接用红字冲销。

以下是管理费用多栏式明细账示例,如表5-6所示。

表5-6 明细分类账

明细科目:管理费用　　　　　　　　　　　　　　　　　　　　第　页

2019年		凭证字、号	摘要	借方	贷方	余额		借方					
月	日					方向	金额	差旅费	修理费	办公费	工资福利	水电费	折旧费	其他
1	1		期初余额			平	0							
1	24	31	报销差旅费	1000		借	1000	1000						
1	25	32	支付维修费	100		借	1100		100					
1	25	33	购入办公用品	200		借	1300			200				
1	27	34	分配工资	50000		借	51300				50000			
1	29	35	计提福利费	20000		借	71300				20000			
1	29	36	本月水电费	1000		借	72300					1000		
1	30	37	计提折旧	5000		借	77300						5000	
1	31	38	结转入本年利润		77300	平	0							
			本月合计	77300	77300	平	0	1000	100	200	70000	1000	5000	

5.2.1.3 数量金额式明细账

数量金额式明细账的账页,设有收入、发出和结存三栏,并在每一大栏下设有数量、单价和金额三个小栏目。主要适用于既要进行数量核算,又要进行金额核算的各种财产物资类账户,如"原材料""库存商品"等账户。

以下是原材料的数量金额式明细账样式，如表5-7所示。

表5-7 原材料明细账

第 页

类别：　　　　　　　　　　名称：
规格：　　　　计量单位：　　　存放地点：　　　　储备定额：

年		凭证字、号	摘要	收入			发出			结存		
月	日			数量	单价	金额	数量	单价	金额	数量	单价	金额

5.2.2 登记总分类账

总分类账简称总账，是根据一级会计科目设置，用于分类、连续地登记全部经济业务的账簿。它所提供的资料全面，因此各企业必须按照相关规定设置总分类账。

总分类账可以根据记账凭证逐日逐笔登记，也可以定期或分期进行汇总登记。通常而言，总账采用三栏式的订本账，具体的登记要点如图5-2所示。

要点一　日期栏

（1）如果逐日逐笔登记，就填写业务发生的具体日期
（2）如果汇总登记，则填写汇总凭证的日期

要点二　凭证字、号栏

填写登记总账所依据的凭证的字和号：
（1）如果依据记账凭证登记，填写记账凭证的字和号
（2）如果依据科目汇总表登记，填写"科汇"字及其编号
（3）如果依据汇总的记账凭证登记,填写"现（银）汇收"字及其编号、"现（银）汇付"字及其编号和"汇转"字及其编号
（4）如果依据多栏式日记账登记，可填写日记账的简称，如现收账、现支账

要点三 摘要栏

填写所依据的凭证的简要内容：
(1) 如果依据记账凭证登记，应与记账凭证中的摘要内容一致
(2) 如果依据科目汇总表登记，应填写"某月科目汇总表"或"某月某日的科目汇总表"字样
(3) 如果依据汇总记账凭证登记，应填写每一张汇总记账凭证的汇总依据，即依据第几号记账凭证至第几号记账凭证
(4) 如果依据多栏式日记账登记，应填写日记账的详细名称

要点四 借方、贷方栏

分别填写所依据的凭证上记载的各总账账户的借方或贷方发生额

要点五 借或贷栏

(1) 登记余额的方向，如余额在借方，则写"借"字；如余额在贷方，则写"贷"字
(2) 如果期末余额为0，则写"平"字

要点六 余额

填写具体的余额，如果没有填0

图 5-2 总账的登记要点

以下以三栏式总账为例，提供几个账目登记的示例，如表5-8～表5-13所示。

表5-8 总分类账（一）

总账科目：库存现金

第　页

2019年		凭证字、号	摘要	借方	贷方	借或贷	余额
月	日						
			期初余额			借	20000
1	31	现汇收10	汇1-20号凭证	50000	40000	借	30000

表5-9 总分类账(二)

总账科目：应收账款

第 页

2019年		凭证字、号	摘要	借方	贷方	借或贷	余额
月	日						
			期初余额			借	200000
1	31	现汇收30	汇1-40号凭证	10000	40000	借	170000

表5-10 总分类账(三)

总账科目：应付账款

第 页

2019年		凭证字、号	摘要	借方	贷方	借或贷	余额
月	日						
			期初余额			贷	200000
1	31	现汇收20	汇1-40号凭证	100000	50000	贷	150000

表5-11 总分类账(四)

总账科目：主营业务收入

第 页

2019年		凭证字、号	摘要	借方	贷方	借或贷	余额
月	日						
1	31	现汇收40	汇1-40号凭证	100000	100000	平	0

表5-12 总分类账(五)

总账科目：主营业务成本

第　页

2019年		凭证字、号	摘要	借方	贷方	借或贷	余额
月	日						
1	31	现汇收50	汇1-40号凭证	50000	50000	平	0

表5-13 总分类账(六)

总账科目：利润分配

第　页

2019年		凭证字、号	摘要	借方	贷方	借或贷	余额
月	日						
			期初余额			贷	200000
1	31	现汇收70	汇1-40号凭证	100000	50000	贷	150000

5.2.3 总账与明细账的平行登记

由于总账与明细账反映的是相同的经济业务内容，总账全面、总括了明细账的记录，因此为了便于账户核对，总账与明细账必须平行登记。

所谓平行登记，是指经济业务发生后，一方面要登记有关的总分类账户，另一方面要登记该总分类账户所属的各有关明细分类账户。具体的登记要点如表5-14所示。

表5-14 平行登记要点

序号	登记要求	要点提示
1	依据相同	对发生的各项经济业务，必须根据审核无误的同一会计凭证记账
2	同时登记	（1）登记时必须要在同一会计期间进行 （2）既要在总分类账中进行登记，又要在该总账所属的明细分类账中进行明细登记
3	借贷方向相同	对于各项经济业务，总账与明细账的登记借贷方向必须一致
4	登记金额相等	记入总账中的金额，必须与各明细分类账中的金额合计数相等

【实例5-2】

2018年1月份，企业发生了以下经济业务，在登账前进行简单的处理如下。

（1）1月12日，从E工厂购入A材料5吨，单价200元，共1000元；从F工厂购入B材料4吨，单价500元，共2000元。两种材料已经验收入库，货款尚未支付。会计制作简易的会计分录如下。

借：原材料——A材料　　　　　　　　　　　　　　1000
　　　　——B材料　　　　　　　　　　　　　　　2000
　贷：应付账款——E工厂　　　　　　　　　　　　1000
　　　　　　——F工厂　　　　　　　　　　　　2000

（2）1月14日，以银行存款偿付前欠E工厂的货款1000元，F工厂货款2000元。会计制作简易的会计分录如下。

借：应付账款——E工厂　　　　　　　　　　　　　1000
　　　　　——F工厂　　　　　　　　　　　　　2000
　贷：银行存款　　　　　　　　　　　　　　　　　3000

（3）1月19日，制造车间领用A材料4吨，金额为800元；领用B材料4吨，金额为2000元。会计制作简易的会计分录如下。

借：生产成本　　　　　　　　　　　　　　　　　　2800
　贷：原材料——A材料　　　　　　　　　　　　　　800
　　　　——B材料　　　　　　　　　　　　　　2000

经查，企业的各种账户余额如下。

（1）原材料总账账户为借方余额6000元。A材料的明细账户，结存10吨，单位成本为200元，余额为2000元。B材料的明细账户，结存8吨，单位成本为500元，余额为4000元。

（2）应付账款总账账户为贷方余额8000元。E工厂的明细账户，贷方余额为3000元，F工厂的明细账户，贷方余额为5000元。

根据账户平行登记的要求,将上述经济业务在原材料、应付账款的总账账户及其所属的明细账户中进行登记,如表5-15～表5-20所示。

表5-15 总分类账(一)

总账科目: 原材料

第 页

2018年		凭证字、号	摘要	借方	贷方	借或贷	余额
月	日						
			期初余额			借	6000
1	12	转字第10号	购买原材料,货款未付	3000		借	9000
1	19	记字第11号	领用原材料		2800	借	6200
1	31		本月合计	3000	2800	借	6200

表5-16 总分类账(二)

总账科目: 应付账款

第 页

2018年		凭证字、号	摘要	借方	贷方	借或贷	余额
月	日						
			期初余额			贷	8000
1	12	转字第10号	购买原材料,欠货款		3000	贷	11000
1	14	转字第11号	偿还所欠货款	3000		贷	8000
1	31		本月合计	3000	3000	贷	8000

表5-17 原材料明细账(一)

第 页

名称:A材料　　　　　　　　　　　　　　　　　　　　　　　　计量单位:吨

2018年		凭证字、号	摘要	收入			发出			结存		
月	日			数量	单价	金额	数量	单价	金额	数量	单价	金额
			期初余额							10	200	2000
1	12	记字第10号	购买原材料	5	200	1000				15	200	3000
1	19	记字第11号	生产领料				4	200	800	11	200	2200
1	31		本月合计	5	200	1000	4	200	800	11	200	2200

107

表5-18 原材料明细账(二)

第 页

名称：B材料　　　　　　　　　　　　　　　　　　　　　　　　　　　计量单位：吨

2018年		凭证字、号	摘要	收入			发出			结存		
月	日			数量	单价	金额	数量	单价	金额	数量	单价	金额
			期初余额							8	500	4000
1	12	记字第20号	购买原材料	4	500	2000				12	500	6000
1	19	记字第21号	生产领料				4	500	2000	8	500	4000
1	31		本月合计	4	500	2000	4	500	2000	8	500	4000

表5-19 应付账款明细账(一)

第 页

账户名称：E工厂

2018年		凭证字、号	摘要	借方	贷方	借或贷	余额
月	日						
			期初余额			贷	3000
1	12	转字第10号	购买原材料，欠货款		1000	贷	4000
1	14	转字第11号	偿还所欠货款	1000		贷	3000
1	31		本月合计	1000	1000	贷	3000

表5-20 应付账款明细账(二)

第 页

账户名称：F工厂

2018年		凭证字、号	摘要	借方	贷方	借或贷	余额
月	日						
			期初余额			贷	5000
1	12	转字第10号	购买原材料，欠货款		2000	贷	7000
1	14	转字第11号	偿还所欠货款	2000		贷	5000
1	31		本月合计	2000	2000	贷	5000

为了检查账户是否完整、准确地记录，可以使用试算平衡表进行计算，如表5-21和表5-22所示。

表5-21 原材料试算平衡表

2018年1日　　　　　　　　　　　　　　　　　　　　　　　　　　单位：元

明细账户	期初余额		本期发生额		期末余额	
	借方	贷方	借方	贷方	借方	贷方
A材料	2000		1000	800	2200	
B材料	4000		2000	2000	4000	
合计（总账）	6000		3000	2800	6200	

表5-22 应付账款试算平衡表

2018年1日　　　　　　　　　　　　　　　　　　　　　　　　　　单位：元

明细账户	期初余额		本期发生额		期末余额	
	借方	贷方	借方	贷方	借方	贷方
E工厂		3000	1000	1000		3000
F工厂		5000	2000	2000		5000
合计（总账）		8000	3000	3000		8000

5.3 结账

结账是指在把一定时期内发生的全部经济业务登记入账的基础上，计算并记录本期发生额和期末余额。

5.3.1 结账方式

依据不同的结账时间，结账方式主要包括定期结账和不定期结账。定期结账是依据一定的时间段如月度、季度、年度等进行的结算。不定期结账主要针对一些需要及时清理结算的账务，如各种日记账要按日结出余额。

5.3.2 结账程序

虽然结账的期限有所不同,但是结账时应按照一般的程序进行,如图5-3所示。

结账前	将本期内所发生的各项经济业务全部登记入账
结账时	结出每个账户的期末余额。在年度终了结账时,所有总账账户都应当结出全年发生额和年末余额
结账后	年度终了,要把各账户的余额结转到下一会计年度,并在各自摘要栏分别"结转下年"和"上年结转"

图5-3 结账的一般程序

5.3.3 日结账

(1)每日业务终了,会计逐笔、序时地登记完现金日记账和银行存款日记账后,应结出本日结余额,现金日记账应与当日库存现金核对。

(2)在分清"收入日记账"和"支出日记账"的情况下,会计在每日终了按规定登记入账后,结出当日收入合计数和当日支出合计数,然后将支出日记账中当日支出合计数转记入收入日记账中的当日支出合计栏内,在此基础上再结出当日账面余额。

5.3.4 月结账

月结账是以一个月为结账周期,每个月末对本月内的经济业务情况进行总结。

(1)在每个月底,要采用划线结账的方法进行结账,即在各账户的最后一笔账的下一行结出"本期发生额"和"期末余额",在"摘要"栏内注明"本月合计"字样。

(2)月末如无余额,应在"借或贷"一栏中注明"平",并在"余额"栏中记"0"后,划上一条红线。

(3)对需逐月结算本年累计发生额的账户,应逐月计算自年初至本月份止的累计发生额,并登记在月结的下一行。在"摘要"栏内注明"本月合计"字样,如表5-23所示。

表 5-23 银行存款日记账

第 1 页
开户银行 工商银行××支行
账　号　068×××××××

2018年		凭证字号	银行凭证	摘要	对方科目	借方金额	贷方金额	借或贷	余额
月	日								
12	01			期初余额				借	3 167 000 00
12	07	银付3	支2011	提现备用	库存现金		30 000 00	借	3 137 000 00
12	08	银付4	支票	收到前欠货款	应收账款	2 000 000 00		借	5 137 000 00
12	18	银付9	托收	支付水电费	制造费用等		320 000 00	借	4 817 000 00
12	21	银付11	支2027	提现备发工资	库存现金		3 840 000 00	借	977 000 00
12	31			本月合计		2 000 000 00	4 190 000 00		

5.3.5　季结账

（1）办理季结，应在各账户本季度最后一个月的月结下面画一通栏红线，表示本季结束。

（2）在红线下结算出本季发生额和季末余额，并在摘要栏内注明"本季合计"字样，最后，再在摘要栏下面划一通栏红线，表示完成季结工作。

以下是某公司的银行存款日记账示例。

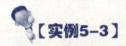

【实例5-3】

银行存款日记账

单位：元

2018年		凭证字号	摘要	对方科目	借方	贷方	余额
月	日						
3	1		期初余额				696 640.00
3	20		1-20日		483 100.00	307 500.00	872 240.00
3	21	银收54	向银行借款	短期借款	200 000.00		1 072 240.00
3	21	银付68	购进运输卡车	固定资产		234 000.00	838 240.00
3	21	银付69	提现备用	现金		1 000.00	837 240.00

续表

2018年		凭证字号	摘要	对方科目	借方	贷方	余额
月	日						
3	21	银付70	用支票支付电话费	管理费用		5 110.00	832 130.00
3	22	银付71	购进材料	原材料		234 000.00	598 130.00
3	22	银付72	付一季度贷款利息	预提费用		12 000.00	586 130.00
3	23	银付73	代垫销售运杂费	应收账款		1 450.00	584 680.00
3	23	银付74	偿还上月购料款	应付账款		306 000.00	278 680.00
3	25	银付75	支票支付广告费	营业费用		1 900.00	276 780.00
3	27	银收55	收回销货款	应收账款	586 450.00		836 230.00
3	31		本月合计		1 269 550.00	1 102 960.00	863 230.00
3	31		本季合计		4 156 600.00	3 990 010.00	86 3230.00

5.3.6 年结账

年结账是以一年为周期，对本年度内各项经济业务情况及结果进行总结。

（1）在年末，将全年的发生额累计，登记在12月份的合计数的下一行，在"摘要"栏内注明"本年合计"字样，并在下面划一通栏双红线。

（2）对于有余额账户，应把余额结算下一年，在年结数的下一行的"摘要"栏内注明"结转下年"字样。

以下是某公司的银行存款年结账示例。

【实例5-4】

银行存款年结账示例

单位：元

2018年		凭证字号	摘要	对方科目	借方	贷方	余额
月	日						
12	1		期初余额				696 640.00
12	2		1-20日		483 100.00	307 500.00	872 240.00
12	21	银收54	向银行借款	短期借款	200 000.00		1 072 240.00

112

续表

2018年		凭证字号	摘要	对方科目	借方	贷方	余额
月	日						
12	21	银付68	购进运输卡库	固定资产		234 000.00	838 240.00
12	21	银付69	提现备用	现金		1 000.00	837 240.00
12	21	银付70	用支票支付电话费	管理费用		5 110.00	832 130.00
12	22	银付71	购进材料	原材料		234 000.00	598 130.00
12	22	银付72	付一季度贷款利息	预提费用		12 000.00	586 130.00
12	23	银付73	代垫销售运杂费	应收账款		1 450.00	584 680.00
12	23	银付74	偿还上月购料款	应付账款		306 000.00	278 680.00
12	25	银付75	支票支付广告费	营业费用		1 900.00	276 780.00
12	27	银收55	收回销货款	应收账款	586 450.00		836 230.00
12	31		本月合计		1 269 550.00	1 102 960.00	863 230.00
12	31		本季合计		4 156 600.00	3 990 010.00	86 3230.00
12	31		本年合计		15 970 800.00	9463260.00	863230.00
12	31		结转下年		863 230.00		0.00

（3）在下一年的新账页的第一行的"摘要"栏内注明"上年结转"字样，并把上年年末余额数填写在"余额"栏内，如表5-24所示。

表5-24 银行存款日记账

第 1 页
开户银行　工商银行××支行
账　　号　068×××××××

2019年		凭证字号	银行凭证	摘要	对方科目	借方金额	贷方金额	借或贷	余额	√
月	日					亿千百十万千百十元角分	亿千百十万千百十元角分		亿千百十万千百十元角分	
1	01			上年结转				借	3 1 6 7 0 0 0 0	
1	07	银付3	支2011	提现备用	库存现金		3 0 0 0 0 0	借	3 1 3 7 0 0 0 0	
1	08	银收4	支票	收到前欠货款	应收账款	2 0 0 0 0 0 0 0		借	5 1 3 7 0 0 0 0	
1	18	银付9	托收	支付水电费	制造费用等		3 2 0 0 0 0 0	借	4 8 1 7 0 0 0 0	
1	21	银付11	支2027	提现备发工资	库存现金		3 8 4 0 0 0 0	借	9 7 7 0 0 0 0	
1	31			本月合计		2 0 0 0 0 0 0 0	4 1 9 0 0 0 0			
				结转下年						

5.3.7 实现会计电算化后的结账

每月月底都需要进行结账处理，计算机结账不仅要结转各账户的本期发生额和期末余额，还要进行一系列电算化处理，检查会计凭证是否全部登记入账并审核签章、试算平衡、辅助账处理等。与手工相比，电算化结账工作更加规范，结账全部由计算机自动完成。结账工作需要注意的事项如图5-4所示。

由于某月结完账后将不能再输入和修改该月的凭证，所以使用会计软件时，结账工作应由专人负责管理，以防止其他人员的误操作

结账前应检查该月的所有凭证是否均已记账、结账日期是否正确、其他相关模块的数据是否传递完毕，以及其他结账条件是否完备。若结账条件不满足，则退出本模块，检查本月份输入的会计凭证是否全部登记入账，只有在本期输入的会计凭证全部登记入账后才允许结本月份的账。与记账不同的是，一个月可以记账数次，而只能结一次账

结账必须逐月进行，上月未结账也不允许结本月的账。若结账成功，则做月结标志，之后不能再输入该月的凭证和记该月的账；若结账不成功，则恢复到结账前的状态，同时给出提示信息，要求用户做相应的调整

年底结账，则系统自动产生下年度的空白数据文件（即数据结构文件），并转年度余额。同时自动对"固定资产"等会计文件做跨年度连续使用的处理

跨年度时因年终会计工作的需要，会计软件允许在上年度未结账的情况下输入本年度一月份的凭证；单位可以根据具体情况，将结账环境设置为：在上年度未结账的情况下不允许输入本月的凭证

结账前应做一次数据备份，如果结账不正确可以恢复重做

图5-4 结账工作需要注意的事项

5.4 对账

对账就是核对账目,即对账簿所记录的各种数据进行检查核对,确保会计记录的真实可靠。

5.4.1 对账的内容

对账的内容主要包括账证核对、账账核对、账实核对和账表核对。

5.4.1.1 账证核对

账证核对是指将账簿记录与相关的原始凭证或记账凭证进行核对。核对时,将凭证与账簿记录的时间、数量、金额、会计科目、记账方向等相互核对,保证二者相符。对账的方法主要有以下几种。

(1)核对总账与记账凭证汇总表是否相符。
(2)核对记账凭证汇总表与记账凭证是否相符。
(3)核对明细账与记账凭证及所涉及的支票号码和其他结算票据种类等是否相符。

5.4.1.2 账账核对

账账核对,就是在账证核对的基础上,对有关账簿进行互相核对。具体的对账内容如表 5-25 所示。

表 5-25 账账核对内容

序号	对账内容	具体要求
1	总账之间	(1)核对总账各种账户的余额合计数是否一致 (2)核对总账各账户的借方发生额与贷方发生额是否一致
2	总账与明细账	(1)核对总账发生额与明细账的发生额总数是否相等 (2)核对总账与明细账各账户的期初、期末余额是否相等
3	总账与日记账	现金、银行存款日记账余额应该同总账有关账户的余额定期核对相符
4	财务账与其他部门的账、卡	核对财务部门的有关财产、物资的明细账的余额与相关的保管、使用部门管理的明细记录的账、卡余额是否一致相符

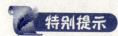
特别提示

各种有关债权、债务的明细账也要定期与相关的债务、债权人核对。

5.4.1.3 账实核对

账实核对是对各种财产物资的账面余额与实存数额进行的核对。具体的核对内容包括以下几方面。

（1）核对现金日记账的账面余额与库存现金的实存数。发生长、短款时，应即列作"待处理财产损溢"，待查明原因经批准后再进行处理。

（2）核对银行存款日记账余额与开户银行对账单。每收到一张对账单，要在3日内核对完毕，每月编制一次银行存款余款调节表。

（3）核对各种财产明细账的余额与具体的实存数额。

（4）核对各种应收、应付账款等明细账的余额与对应的债务、债权企业或者个人。

5.4.1.4 账表核对

账表核对是对会计账簿的记录与会计报表有关内容的核对。由于会计报表是基于各种会计账簿及相关资料编制而成，因此，核对账表、检查具体的数据是否完全一致相符也是重要的对账工作。

5.4.2 查找错账的方法

会计在对账时，要重点对各种账户的记录进行核对，必须使用各种常见的查账方法。

5.4.2.1 差额法

差额法是指根据错账的差额数，查找所登记的会计账簿、凭证中是否有与错账相同的数字。通过差额的多少可以对简单的漏记、重记进行查找。

5.4.2.2 顺查法

顺查法是按照记账的顺序，从原始凭证、账簿、编制会计报表全部过程进行查找的一种方法。即首先检查记账凭证与原始凭证的内容、金额等是否一致，再将记账凭证依次与各种日记账、明细账、总分类账逐笔进行核对。最后将其与会计报表进行核对结算。

这种检查方法，可以发现重记、漏记、错记科目、错记金额等。主要优点在于结果精确、方法简单。但是，查找起来费时费力，且不便于进行专项查账或按业务进行查账分工。

5.4.2.3 逆查法

逆查法又称倒查法，与顺查法相反，是从审阅、分析报表着手，根据发现的问题和疑点，确定查找重点，再核对有关的账簿和凭证。

这种检查方法比顺查法的查找范围小，而且有一定的核查重点，能够节约查账的时间和精力。但是，由于逆查法不进行全面而有系统地检查，因此很难保证错账的查找准确度，会计舞弊不能完全揭露。如果查账人员经验不足，可能出现较多的失误。

5.4.2.4 偶合法

偶合法是根据账簿记录差错中经常出现的问题，推测与差错有关的记录而进行查找的一种方法。这种方法主要适用于漏记、重记、错记的查找。如表5-26所示。

表5-26 偶合法的差错说明

序号	差错类别	方法	具体说明
1	漏记的查找	总账一方漏记	在试算平衡时，借贷双方发生额不平衡，出现差错，在总账与明细账核对时，会发现某一总账所属明细账的借（或贷）方发生额合计数大于总账的借（或贷）方发生额，也出现一个差额，这两个差额正好相等。而且在总账与明细账中有与这个差额相等的发生额，这说明总账一方的借（或贷）漏记，借（或贷）方哪一方的数额小，漏记就在哪一方
		明细账一方漏记	在总账与明细账核对时可以发现。总账已经试算平衡，但在进行总账与明细账核对时，发现某一总账借（或贷）方发生额大于其所属各明细账借（或贷）方发生额之和，说明明细账一方可能漏记，可对该明细账的有关凭证进行查对
		整张记账凭证漏记	如果整张的记账凭证漏记，则没有明显的错误特征，只有通过顺查法或逆查法逐笔查找
2	重记的查找	总账一方重记	在试算平衡时，借贷双方发生额不平衡，出现差错；在总账与明细账核对时，会发现某一总账所属明细账的借（或贷）方发生额合计数小于该总账的借（或贷）方发生额，也出现一个差额，这两个差额正好相等，而且在总账与明细账中有与这个差额相等的发生额记录，说明总账借（或贷）方重记，借（或贷）方哪一方的数额大，重记就在哪一方
		明细账一方重记	如果明细账一方重记，在总账与明细账核对时可以发现。总账已经试算平衡，与明细账核对时，某一总账借（或贷）方发生额小于其所属明细账借（或贷）方发生额之和，则可能是明细账一方重记，可对与该明细账有关的记账凭证查对
		整张记账凭证重记	如果整张的记账凭证重记，则没有明显的错误特征，只能用顺查法或逆查法逐笔查找

续表

序号	差错类别	方法	具体说明
3	记反账的查找		记反账是指在记账时把发生额的方向弄错,将借方发生额记入贷方,或者将贷方发生额记入借方。总账一方记反账,则在试算平衡时发现借贷双方发生不平衡,出现差额。这个差额是偶数,能被2整除,所得的商数则在账簿上有记录,如果借方大于贷方,则说明将贷方错记为借方;反之,则说明将借方错记为贷方。如果明细账记反了,而总账记录正确,则总账发生额试算是正确的,可用总账与明细账核对的方法查找

5.4.3 实现会计电算化后的对账

计算机银行对账与手工核对银行账的原理和方法基本相同,但对账、核销已达账项以及编制银行存款余额调节表等工作基本交由计算机自动完成。计算机核对银行账,首先将银行发来的对账单输入计算机中的银行对账单库中,然后由用户确定对账的银行存款科目及对账方式,再令计算机自动将系统中存储的银行日记账中的记录按对账的条件进行筛选,并将筛选的记录送入银行日记账未达账库中,最后在银行对账单库与日记账未达账库之间进行记录的自动核对和核销,并自动生成银行存款余额调节表。

5.5 更正错账

会计在日常记账中,如果出现错误的记录,要按照规定的方法进行更正。此外,在对账后发现的账簿记录错误也要及时更正。

5.5.1 划线更正法

会计在登记账簿过程中,如发现文字或数字记错时,可采用划线更正法进行更正。即先在错误的文字数字上划一红线注销,然后在红线上方空白处填写正确的记录。在划线时必须注意使原来的错误字迹仍可辨认。更正后,要在划线的一端盖章,以示负责。

梁某在记账过程中发现账簿记录中有金额数字"780"误写为"870",更正时,首先将870全部用红线划掉,然后在红线上方空白处用蓝字记上780,并盖章,如下图所示。

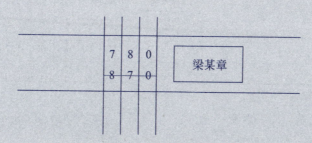

填写错误的更正方法

企业收到长明工厂货款 8 792.00 元,存入银行存款户。

(1)发现记账错误。银行存款日记账如下表所示。

银行存款日记账

2018年		凭证号	摘要	结算凭证	借方							贷方							余额						
月	日				万	千	百	十	元	角	分	万	千	百	十	元	角	分	万	千	百	十	元	角	分
8	1		期初结存																	6	0	0	0	0	0	0
			……																							
8	5	8	收到大明工厂结款			8	9	7	2	0	0														
			……																							
8	31		本月合计																							

账簿文字笔误　　账簿数字笔误

(2)更正错误。银行存款日记账如下表所示。

银行存款日记账

2018年		凭证号	摘要	结算凭证	借方							贷方							余额						
月	日				万	千	百	十	元	角	分	万	千	百	十	元	角	分	万	千	百	十	元	角	分
8	1		期初结存																	6	0	0	0	0	0	0
			……																							
8	5	8	长 收到夫明工厂结款			8 8	9 9	7 7	2 2	0 0	0 0	印章													
			……																							
8	31		本月合计																							

要注意的是：文字错误可以只更正个别错字，数字错误必须全部划线更正。

5.5.2 红字更正法

在记账以后，如果在当年内发现记账凭证的会计科目或金额发生错误，可以使用红字更正法更正。如果发现以前年度记账凭证中有错误（指科目和金额）并导致账簿登记错误，应当用蓝字填制一张更正的记账凭证，更正由于记账错误对利润产生的影响。

【实例5-7】

记账时本应贷记"银行存款"科目，而却误记"库存现金"科目，并已登记入账。其更正方法如下。

（1）用红字填制一张与原错误分录相同的记账凭证。其会计分录如下。

借：其他应收款——李明　　　　　　　　　　　800

　　贷：库存现金　　　　　　　　　　　　　　　　800

（2）用蓝字填制一张正确记账凭证。其会计分录如下。

借：其他应收款——李明　　　　　　　　　　　800

　　贷：银行存款　　　　　　　　　　　　　　　　800

（1）会计科目有误。具体操作时，先用红字填制一张与原错误完全相同的记账凭证，据以用红字登记入账，冲销原有的错误记录；同时再用蓝字填制一张正确的记账凭证，注明"更正××××年×月×日×号记账凭证"，据以登记入账。

在记账凭证中，只有实记金额大于应记金额时，才使用红字更正法，否则就应使用补充登记法。

【实例5-8】

企业购入原材料10 000元，用银行存款支付。在记账时误记为以下会计分录，已经登记入账。

借：管理费用　　　　　　　　　　　　　　　　10 000
　　贷：银行存款　　　　　　　　　　　　　　　　　　10 000

发现错误后，先用红字填制一张与原记账凭证一样的凭证，并据以用红字登记入账，以冲销原有的账簿记录。其会计分录如下。

借：管理费用　　　　　　　　　　　　　　　　10 000
　　贷：银行存款　　　　　　　　　　　　　　　　　　10 000

然后，再用蓝字填制一张正确的记账凭证，并在摘要栏中注明"更正××××年×月×日×号记账凭证"。其会计分录如下。

借：原材料　　　　　　　　　　　　　　　　　10 000
　　贷：银行存款　　　　　　　　　　　　　　　　　　10 000

（2）金额错误。金额错误时更正与会计科目的更正稍有不同。在更正时，只需将多记金额用红字填制一张与原记账凭证科目、方向相同的凭证，并在摘要栏内注明"冲销××××年×月×日×号记账凭证多记金额"，然后据以登记入账。

企业购入原材料1 000元，用现金支付。在记账时误记为以下会计分录，已经登记入账。

借：原材料　　　　　　　　　　　　　　　　　10 000
　　贷：库存现金　　　　　　　　　　　　　　　　　　10 000

发现错误后,用红字将多记金额编制记账凭证,在摘要栏内注明"冲销××××年×月×日×号记账凭证多记金额"。其会计分录如下。

借:原材料　　　　　　　　　　　　　　　　　　　　9 000
　　贷:库存现金　　　　　　　　　　　　　　　　　　　　9 000

5.5.3　补充登记法

在记账以后,发现记账凭证中的会计科目没有错误,但是填写的金额小于实际金额时,可采用补充登记法进行更正。更正时,可将少记数额用蓝字填制一张记账凭证,并在摘要栏注明"补充××××年×月×日×号记账凭证少记金额",然后补充登记入账。

【实例5-10】

某企业通过开户银行收到某购货单位偿还的前欠货款18 600元,在填制记账凭证时,将金额误记为16 800元,少记了1 800元,并已登记入账。

借:银行存款　　　　　　　　　　　　　　　　　　　16 800
　　贷:应收账款　　　　　　　　　　　　　　　　　　　16 800

更正时,应将少记的1 800元用蓝字填制一张记账凭证,并登记入账。补充更正的会计分录如下。

借:银行存款　　　　　　　　　　　　　　　　　　　　1 800
　　贷:应收账款　　　　　　　　　　　　　　　　　　　　1 800

根据这一记账凭证登记入账后,使"银行存款"和"应收账款"两科目的原来错误都得到了更正。

5.5.4　选择更正法

以上三种更正方法各有各的使用范围,会计在错账处理时要正确进行选择。红字更正法和补充登记法都是用来更正因记账错误而产生的记账差错。如果记账凭证无错,只是登记入账时发生误记,这种非因记账凭证误记的差错,无论什么时候发现都不能用这两种方法更正,只能使用划线更正法进行更正。

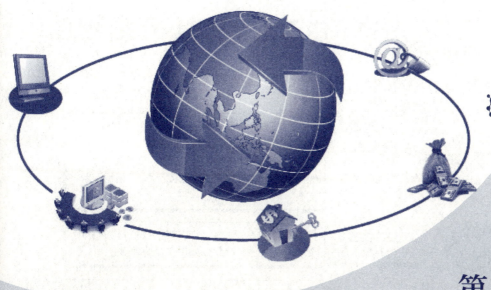

第 6 章 会计核算

6.1 货币资金核算
6.2 应收与预付款项的核算
6.3 存货核算
6.4 固定资产核算
6.5 流动负债核算
6.6 收入核算
6.7 成本核算
6.8 无形资产及其他核算
6.9 所有者权益核算
6.10 利润核算

6.1 货币资金核算

货币资金包括现金、银行存款及其他货币资金,如图6-1所示。

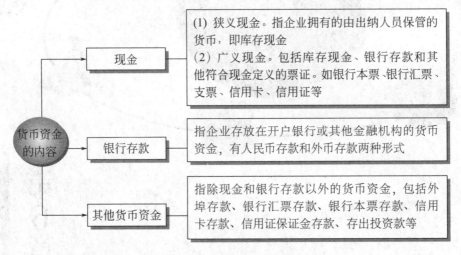

图6-1 货币资金的内容

6.1.1 现金核算

6.1.1.1 核算的类别

现金是资产核算的首要工作,其核算一般包括总分类核算和明细核算。

(1)总分类核算。根据相关财会法规的规定,企业应设置"库存现金"账户,借方登记增加数额,贷方登记减少数额,期末余额在借方,反映期末库存现金的实有数。

总分类的核算从收入和支出两方面进行,具体如图6-2所示。

① 收入核算
(1)对现金的收入进行核算并做好账务处理
(2)借方登记库存现金及其数额,贷方登记各种收入的相关账户及其数额

② 支出核算
(1)对现金的支出进行核算并做好账务处理
(2)借方登记各种涉及支出的相关账户及其数额,贷方登记库存现金及其数额

图6-2 库存现金的总分类核算

（2）明细核算。明细核算主要是针对现金的各种日记账，一般由出纳人员做好每日的登记核对，在月末时要与会计的总账进行核对。

6.1.1.2 现金核算的原理

现金核算的原理如表6-1所示。

表6-1 现金核算的原理

业务内容			会计分录
从银行提取现金			借：库存现金（按支票存根记载的金额） 贷：银行存款
职工差旅费	预支出差费用		借：其他应收款等（按实际借出金额） 贷：库存现金
	收到交回的剩余款		借：库存现金（按实际收回的现金） 管理费用（按应报销的金额） 贷：其他应收款（按实际借出的现金）
现金清查	盘点现金账款不符	现金溢余	借：库存现金 贷：待处理财产损溢——待处理流动资产损溢
		现金短缺	借：待处理财产损溢——待处理流动资产损溢 贷：库存现金
	现金溢缺处理	现金溢余	（1）应支付给有关单位或人员的 借：待处理财产损溢——待处理流动资产损溢 贷：其他应付款——应付现金溢余 （2）无法查明原因的 借：待处理财产损溢——待处理流动资产损溢 贷：营业外收入——现金溢余
		现金短缺	（1）由责任人赔偿的 借：其他应收款——应收现金短缺款 贷：待处理财产损溢——待处理流动资产损溢 （2）由保险公司偿还的 借：其他应收款——应收保险公司赔款 贷：待处理财产损溢——待处理流动资产损溢 （3）无法查明原因的 借：管理费用——现金短缺 贷：待处理财产损溢——待处理流动资产损溢

【实例6-1】

某企业2018年3月前半个月发生的现金业务及处理如下。

（1）3月1日，开出现金支票，从银行提取40 000元备用。其会计分录如下。

借：库存现金　　　　　　　　　　　　　　　　40 000
　　贷：银行存款　　　　　　　　　　　　　　　　40 000

（2）3月5日，办公室工作人员王平出差，预借差旅费8 000元，付给现金。其会计分录如下。

借：其他应收款　　　　　　　　　　　　　　　　8 000
　　贷：现金　　　　　　　　　　　　　　　　　　8 000

（3）3月10日，王平出差回来报销差旅费7 200元，退回现金800元。其会计分录如下。

借：管理费用——差旅费　　　　　　　　　　　　7 200
　　库存现金　　　　　　　　　　　　　　　　　　800
　　贷：其他应收款——王平　　　　　　　　　　　8 000

（4）3月15日，将现金12 000元存入银行存款户。其会计分录如下。

借：银行存款　　　　　　　　　　　　　　　　　12 000
　　贷：库存现金　　　　　　　　　　　　　　　　12 000

（5）3月31日，库存现金盘点发现现金溢余200元，无法查明原因。其会计分录如下。

借：库存现金　　　　　　　　　　　　　　　　　200
　　贷：待处理财产损益——待处理流动资产损益　　200
借：待处理财产损益——待处理流动资产损益　　　200
　　贷：营业外收入——现金溢余　　　　　　　　　200

6.1.2　银行存款核算

6.1.2.1　银行存款核算的要求

银行存款核算的要求如图6-3所示。

收付核算：对于银行存款的收付，企业要进行序时核算和分类核算。一方面由出纳每日认真做好日记账，并定期与会计的总账进行核对；另一方面设立银行存款总分类账户，由会计进行登账管理

清查：银行存款的清查主要是将日记账与银行对账单定期核对，由于银行存款日记账是出纳登记保管，因此，与银行的对账工作主要由出纳完成

图6-3 银行存款核算的要求

6.1.2.2 银行存款的核算原理

银行存款的核算原理如表6-2所示。

表6-2 银行存款的核算原理

序号	业务内容	会计处理
1	将现金存入银行	借：银行存款 贷：库存现金
2	收取银行存款利息	借：银行存款 贷：财务费用
3	收回应收款项	借：银行存款 贷：应收账款 　　应收票据
4	收回其他应收暂付款项	借：银行存款等 贷：其他应收款
5	收到供应商因不履行合同而赔偿的损失款	借：银行存款 贷：营业外收入
6	收到实现的营业收入	借：银行存款 贷：主营业收入 　　应交税费——应交增值税（销项税额）
7	交给税金	借：应交税费 贷：银行存款
8	支付购买物资的价款和运杂费	借：在途物资 　　应交税费——应交增值税（进项税额） 贷：库存现金 　　银行存款 　　其他货币资金

某企业2018年3月的一部分业务及处理如下。

（1）3月5日，将库存现金36 000元存入银行。其会计分录如下。

借：银行存款　　　　　　　　　　　　　　　36 000
　　贷：库存现金　　　　　　　　　　　　　　36 000

（2）3月10日，从银行取得短期借款400 000元。其会计分录如下。

借：银行存款　　　　　　　　　　　　　　　400 000
　　贷：短期借款　　　　　　　　　　　　　　400 000

（3）3月15日，提取库存现金64 000元用于发放上月的工资。其会计分录如下。

借：库存现金　　　　　　　　　　　　　　　64 000
　　贷：银行存款　　　　　　　　　　　　　　64 000

（4）3月16日，企业交纳增值税152 000元。其会计分录如下。

借：应交税费——应交增值税（已交税金）　　152 000
　　贷：银行存款　　　　　　　　　　　　　　152 000

（5）3月18日，对外销售商品一批，收到销货款234 000元（含增值税）。其会计分录如下。

借：银行存款　　　　　　　　　　　　　　　232 000
　　贷：主营业务收入　　　　　　　　　　　　200 000
　　　　应交税费——应交增值税（销项税额）　32 000

（6）3月22日，采购原材料一批，以银行存款支付材料价款80 000元，进项税额12 800元，材料已验收入库。其会计分录如下。

借：原材料　　　　　　　　　　　　　　　　80 000
　　应交税费——应交增值税（进项税额）　　12 800
　　贷：银行存款　　　　　　　　　　　　　　92 800

（7）3月28日，收到A公司汇来前欠货款5 850元，已存入银行。其会计分录如下。

借：银行存款　　　　　　　　　　　　　　　5 850
　　贷：应收账款——A公司　　　　　　　　　5 850

6.1.3 其他货币资金核算

6.1.3.1 其他货币资金的内容

其他货币资金包括企业的外埠存款、银行汇票存款、银行本票存款、信用证存款、信用卡存款和存出投资款等。其他货币资金的内容说明如表6-3所示。

表6-3 其他货币资金的内容

序号	类别	具体说明
1	外埠存款	外埠存款是指企业到外地进行临时或零星的采购时，汇往采购地银行并开立采购专户的款项。采购资金存款不计利息，除采购员差旅费可以支取少量库存现金外，一律转账。采购专户只收不付，付完结束账户
2	银行汇票存款	银行汇票存款是指企业为了取得银行汇票，按照规定存入银行的款项
3	银行本票存款	银行本票存款是指企业为取得银行本票按照规定存入银行的款项。采用银行本票结算方式
4	信用证存款	信用证存款是指采用信用证结算方式的企业为开具信用证而存入银行信用证保证金专户的款项
5	在途货币资金	在途货币资金是指企业同所属单位之间和上下级之间的汇、解款项业务中，到月末尚未到达的汇入款项
6	存出投资款	存出投资款是指企业已存入证券公司但尚未进行交易性金融资产的库存现金

6.1.3.2 其他货币资金的核算原理

在核算中，企业应设置"其他货币资金"科目，借方登记其他货币资金的增加数，贷方登记其他货币资金的减少数，余额在借方，表示其他货币资金的结存数额。具体的核算如表6-4所示。

表6-4 其他货币资金的核算原理

序号	类别	业务内容	会计处理
1	外埠存款	汇往采购地开立专户	借：其他货币资金——外埠存款 贷：银行存款
		企业收到采购员交来发票账单等报销凭证时	借：材料采购（或原材料、在途物资） 　　应交税费——应交增值税（进项税额） 贷：其他货币资金——外埠存款
		采购地银行将多余款项转回当地银行结算户时	借：银行存款 贷：其他货币资金——外埠存款

续表

序号	类别	业务内容	会计处理
2	银行汇票存款	企业取得银行汇票后，根据银行盖章退回的委托书存根联	借：其他货币资金——银行汇票 　　贷：银行存款
		企业用银行汇票与销货单位结算购货款	借：材料采购（或原材料、在途物资） 　　应交税费——应交增值税（进项税额） 　　贷：其他货币资金——银行汇票
		若有多余款项退回时	借：银行存款 　　贷：其他货币资金——银行汇票
3	存出投资款	存出投资款时	借：其他货币资金——存出投资款 　　贷：银行存款
		用存出投资款购入金融资产	借：交易性金融资产 　　贷：其他货币资金——存出投资款

【实例6-3】

（1）某企业到外地进行零星采购，汇往采购地银行开立采购专户结算款项120 000元。其会计分录如下。

　　借：其他货币资金——外埠存款　　　　　　　　　120 000
　　　　贷：银行存款　　　　　　　　　　　　　　　　120 000

（2）收到采购员交来的购货发票等报销凭证，货款100 000元，增值税额16 000元，材料按实际成本核算。其会计分录如下。

　　借：在途物资　　　　　　　　　　　　　　　　　100 000
　　　　应交税费——应交增值税（进项税额）　　　　 16 000
　　　　贷：其他货币资金——外埠存款　　　　　　　　116 000

（3）上例若货款为120 000元，增值税额19 200元。其会计分录如下。

　　借：在途物资　　　　　　　　　　　　　　　　　120 000
　　　　应交税费——应交增值税（进项税额）　　　　 19 200
　　　　贷：其他货币资金——外埠存款　　　　　　　　139 200

（4）采购员完成采购业务，将多余的外埠存款转回。其会计分录如下。

　　借：银行存款　　　　　　　　　　　　　　　　　3 000
　　　　贷：其他货币资金——外埠存款　　　　　　　　3 000

（5）从当地银行补汇采购业务结算不足款项。其会计分录如下。

　　借：其他货币资金——外埠存款　　　　　　　　　19 200
　　　　贷：银行存款　　　　　　　　　　　　　　　　19 200

（6）某公司将银行存款2 000 000元存入证券公司，以备购买有价证券。其会计分录如下。

　　借：其他货币资金——存出投资款　　　　　2 000 000
　　　　贷：银行存款　　　　　　　　　　　　　　2 000 000

（7）用存出投资款3 000 000元购入股票。其会计分录如下。

　　借：交易性金融资产　　　　　　　　　　　3 000 000
　　　　贷：其他货币资金——存出投资款　　　　　3 000 000

6.2 应收与预付款项的核算

应收和预付款项是企业资产的一个重要组成部分，它是指企业在日常生产经营过程中发生的各项债权，包括：应收款项（应收票据、应收账款、其他应收款）和预付账款等。

6.2.1 应收账款核算

企业因销售商品、提供劳务等经营活动应收取的款项，应该用"应收账款"科目核算。对于应收而尚未收到的款项，借记"应收账款"科目。对于已收到的款项，贷记"应收账款"科目。

此外，对应收款项已经证明无法收回而发生的坏账损失，经批准应冲销提取的坏账准备时，借记"坏账准备"科目，贷记"应收账款"科目或"其他应收款"科目。

已转销的应收款项以后如果收回，应先恢复已冲销的"应收账款"或"其他应收款"科目和"坏账准备"科目，即借记"应收账款"科目或"其他应收款"科目，贷记"坏账准备"科目；同时反映应收款项的收回而借记"银行存款"科目，贷记"应收账款"科目或"其他应收款"科目。

> **温馨提示**
>
> 如果转销的坏账只有部分收回，仍做以上两笔记录，但借贷金额应根据收回的金额以及剩余部分是否能收回而定。如果剩余部分能收回，则第一笔分录如数全部转回，第二笔分录的金额为已收回的金额。如果剩余部分很难收回，则第一笔和第二笔分录均按收回的金额入账。

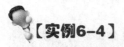

【实例6-4】

某企业2018年3月15日向A公司销售一批商品，货款为50 000元，货款尚未收到。在核算时应进行以下账务处理。

借：应收账款　　　　　　　　　　　　　　　　50 000
　　贷：主营业务收入　　　　　　　　　　　　　　50 000

4月1日，企业收到A公司支付的部分货款，通过银行支付了10 000元，在核算时应进行以下账务处理。

借：银行存款　　　　　　　　　　　　　　　　10 000
　　贷：应收账款　　　　　　　　　　　　　　　　10 000

后因A公司出现问题，导致此批货款难以收回，发生了坏账损失，经确认损失为40 000元，应做如下账务处理。

借：坏账准备　　　　　　　　　　　　　　　　40 000
　　贷：应收账款　　　　　　　　　　　　　　　　40 000

在4月10日，A公司的40 000元的应收账款已收回，因此应进行以下账务处理。

借：应收账款　　　　　　　　　　　　　　　　40 000
　　贷：坏账准备　　　　　　　　　　　　　　　　40 000
借：银行存款　　　　　　　　　　　　　　　　40 000
　　贷：应收账款　　　　　　　　　　　　　　　　40 000

6.2.1.1　应收账款的计价

确定应收账款的入账价值需要考虑的因素如表6-5所示。

表6-5　应收账款的计价

序号	考虑因素	具体说明	入账计价
1	商业折扣	企业为了鼓励购货单位多购买商品而给予的价格优惠	应收账款按扣减商业折扣以后的实际售价入账
2	现金折扣	（1）企业采用赊销方式销售商品时，为了鼓励购货单位早日偿还所欠货款，允诺在一定的还款期内给予的折扣优惠 （2）现金折扣表示方式：用"2/10，1/20，n/30"表示：该笔货款必须在30天内全额偿付，如客户于10天内付款，给予2%的折扣；在11～20天之间付款，给予1%的折扣；在21～30天之间付款就不给予折扣	存在现金折扣的情况下，应收账款按总价法入账，即按尚未享受现金折扣的金额入账，现金折扣在实际发生时计入财务费用

续表

序号	考虑因素	具体说明	入账计价
3	销售折让	企业因售出商品的品种、规格、质量等原因而在售价上给予购货单位的减让	当发生销售折让时，销货单位应冲减当期的销售收入

6.2.1.2 应收账款的会计处理

（1）没有商业折扣，按应收的全部金额入账。

【实例6-5】

某公司售给A公司一批商品，发票上列示的商品价款为20 000元，增值税额为3 200元，共计23 200元，已向银行办妥委托收款手续。

借：应收账款——A公司　　　　　　　　　　　　23 200
　　贷：主营业务收入　　　　　　　　　　　　　　20 000
　　　　应交税费——应交增值税（销项税额）　　　3 200

（2）有商业折扣，按扣除商业折扣的金额入账。

【实例6-6】

某公司售给B公司一批商品，价目表上的金额合计为250 000元，由于成交量较大，本公司同意给其10%的商业折扣，增值税税率为16%。

借：应收账款——B公司　　　　　　　　　　　　261 000
　　贷：主营业务收入　　　　　　　　　　　　　　225 000
　　　　应交税费——应交增值税（销项税额）　　　36 000

（3）在有现金折扣的情况下，采用总价法入账，发生的现金折扣作为财务费用处理。

【实例6-7】

某公司售给C公司商品50 000元，规定的现金折扣条件为"2/10，1/20，n/30"，增值税税率为16%，产品发出并办理了托收手续。其会计分录如下：

```
借：应收账款——C公司                              58 000
    贷：主营业务收入                              50 000
        应交税费——应交增值税（销项税额）          8 000
```
上述货款如在10天内收到。其会计分录如下。
```
借：银行存款                                     57 000
    财务费用                                      1 000
    贷：应收账款——C公司                          58 000
```
上述货款如在21天以后收到。其会计分录如下。
```
借：银行存款                                     58 000
    贷：应收账款——C公司                          58 000
```

（4）发生销售折让时，冲减销售收入。

【实例6-8】

某公司售给D公司一批商品，发票上列示的商品价款为50 000元，增值税额为8 000元，共计58 000元，已向银行办妥委托收款手续。

办妥托收手续时。其会计分录如下。
```
借：应收账款——D公司                             58 000
    贷：主营业务收入                              50 000
        应交税费——应交增值税（销项税额）          8 000
```
D公司在验收商品时发现品质未达标，要求退货。经协商，给予D公司10%的折让，已收到D公司汇款。其会计分录如下。
```
借：银行存款                                     52 200
    贷：应收账款——D公司                          58 000
        应交税费——应交增值税（销项税额）            800
        主营业务收入                              5 000
```

6.2.2 应收票据

应收票据是指企业因采用商业汇票结算方式进行商品交易而收到的还没有到期的、尚未兑现的商业汇票。商业汇票是指由出票人签发的，委托付款人在指定日期无条件支付确定的金额给收款人或者持票人的票据。

6.2.2.1 应收票据的计价

（1）按面值入账。
（2）不提坏账准备。
（3）到期收不回的应收票据转作应收账款。

6.2.2.2 票据到期日的确定

（1）按月份定期。出票日为月末最后一天，则到期日为到期月份的最后一天。
（2）按天数计算。从出票日开始，按实际天数计算到期日，算头不算尾。
（3）按规定日期定期。按汇票上具体指定的日期为到期日。

6.2.2.3 应收票据的贴现

持有商业汇票的企业如在票据到期前需要用款，可持未到期的商业汇票向银行申请贴息兑现。贴现即"贴息兑现"之意，持票人将未到期的票据背书后送交银行，银行从票据到期金额中预先扣除按贴现率计算确定的贴现息，将余额付给贴现申请人。

应收票据贴现的核算要点如下。
（1）计算票据到期值的公式为：带息票据到期值＝面值×（1＋利率×期限）。
（2）计算贴现期。
（3）计算贴现利息的公式为：贴现息＝票据到期值×贴现率×贴现期。
（4）计算贴现收款金额的公式为：贴现实收金额＝票据到期值－贴现息。

6.2.2.4 应收票据的核算原理

应收票据的核算原理如表6-6所示。

表6-6 应收票据的核算原理

序号	业务内容	会计处理
1	销售商品、提供劳务收到应收票据	借：应收票据 贷：主营业务收入 　　　应交税费——应交增值税（销项税额）
2	以应收票据抵偿应收账款	借：应收票据 贷：应收账款
3	收回应收款项	借：银行存款 贷：应收票据
4	用应收票据抵偿应付账款	借：应付账款 贷：应收票据
5	带息应收票据计提利息	借：应收票据 贷：财务费用

续表

序号	业务内容	会计处理
6	持未到期的应收票据到银行贴现（不带息票据）	借：银行存款（扣除贴息后的净额） 　　财务费用（贴现息） 贷：应收票据（票面余额）
7	贴现的商业承兑汇票到期，因承兑人的银行账户不足支付	借：应收账款（按转作贷款本息） 贷：短期借款
8	应收票据到期，收回本息	借：银行存款（实际收到的金额） 贷：应收票据（账面余额） 　　财务费用（未计提利息的部分）
9	持未到期的应收票据向银行贴现（带息票据）	借：银行存款（按实际收到的金额） 　　财务费用（按实际收到的金额小于票据账面余额的差额） 贷：应收票据（按账面余额） 　　财务费用（按实际收到的金额大于票据账面余额的差额）
10	将持有的应收票据背书转让，以取得所需物资	借：在途物资、库存商品等（计入物资成本的价值） 　　应交税费——应交增值税（进项税额） 　　银行存款（物资成本与进项税额之和小于应收票据账面余额的差额） 贷：应收票据（账面余额） 　　银行存款（物资成本与进项税额之和大于应收票据账面余额的差额）
11	因付款人无力付款，收到银行退回的商业承兑汇票等	借：应收账款 贷：应收票据

【实例6-9】

某公司于2018年8月1日销售一批产品给G公司，货款为200 000元，增值税额为32 000元。9月1日收到G公司交来的商业承兑汇票一张，期限为6个月，票面利率为10%。2019年3月1日，票据到期收到票款和利息。

（1）2018年8月，销售商品。其会计分录如下。

借：应收账款——G公司　　　　　　　　　　　232 000
　　贷：主营业务收入　　　　　　　　　　　　　　200 000
　　　　应交税费——应交增值税（销项税额）　　　32 000

（2）2018年9月，收到商业汇票。其会计分录如下。

借：应收票据——G公司　　　　　　　　　　　　232 000
　　贷：应收账款——G公司　　　　　　　　　　　　　232 000

（3）2019年3月，票据到期收回票款和利息。其会计分录如下。

收款金额=232 000×（1+10%×6÷12）=243 600（元）
2019年的票据利息=232 000×10%×2÷12=3 867（元）

借：银行存款　　　　　　　　　　　　　　　　　243 600
　　贷：应收票据——G公司　　　　　　　　　　　　　232 000
　　　　财务费用　　　　　　　　　　　　　　　　　 11 600

（4）若商业汇票到期时，G公司无力偿还票款而被银行退票。其会计分录如下。

借：应收账款——G公司　　　　　　　　　　　　243 600
　　贷：应收票据——G公司　　　　　　　　　　　　　232 000
　　　　财务费用　　　　　　　　　　　　　　　　　 11 600

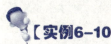

【实例6-10】

某公司因需要用款，于2018年11月1日将G公司2018年9月1日签发并承兑的期限6个月、票面金额为120 000元的商业汇票向银行申请贴现，贴现率为15%。

票据到期价值=120 000×（1+6×10%÷12）=126 000（元）
贴现息=126 000×15%×121÷360=6 352.5（元）
贴现实收金额=126 000-6 352.5=119 647.5（元）

其会计分录如下。

借：银行存款　　　　　　　　　　　　　　　　119 647.50
　　财务费用——利息支出　　　　　　　　　　　　352.50
　　贷：应收票据　　　　　　　　　　　　　　　　120 000.00

2019年3月1日，公司贴现的商业承兑汇票到期，因承兑人G公司无力支付而被银行退票，银行同时转来支款通知，银行已从本公司银行账户中支取票款。

借：应收账款——G公司　　　　　　　　　　　　126 000
　　贷：银行存款　　　　　　　　　　　　　　　　　126 000

（若本公司存款余额不足，银行作逾期贷款处理，即转为企业短期借款）。

借：应收账款——G公司　　　　　　　　　　126 000
　　贷：短期借款　　　　　　　　　　　　　　126 000

【实例6-11】

某公司于2018年11月1日将G公司2018年9月1日签发并承兑的期限6个月、票面金额为116 000元、票面利率为10%的商业汇票背书转让取得材料一批，货款为120 000元，增值税额为20 400元，差额以银行存款补付。

借：原材料　　　　　　　　　　　　　　　　120 000
　　应交税费——应交增值税（进项税额）　　 19 200
　　贷：应收票据——G公司　　　　　　　　 116 000
　　　　财务费用　　　　　　　　　　　　　　1 933
　　　　银行存款　　　　　　　　　　　　　 21 267

6.2.3 坏账准备与坏账损失

坏账是指企业无法收回或收回的可能性极小的应收款项。坏账准备是指对应收账款预提的，对不能收回的应收账款用来抵销，是应收账款的备抵账户。由于发生坏账而产生的损失称为坏账损失。

6.2.3.1 坏账的确认

符合图6-4所列条件之一的，应确认为坏账。

条件一	债务人死亡，以其遗产清偿后仍无法收回
条件二	债务人破产，以其破产财产清偿后仍无法收回
条件三	债务人较长时间内未履行其偿债义务，并有足够的证据表明无法收回或收回的可能性极小

图6-4　应确认为坏账的情形

6.2.3.2 计提坏账准备的方法

我国规定坏账损失的核算采用备抵法。在该法下，应按期估计坏账损失，记入"资产减值损失"账户，形成坏账准备。实际发生坏账损失时，按坏账的金额冲减坏账准备金，同时转销应收账款。根据《企业会计准则》的规定：企业坏账损失的核算应采用备抵法，计提坏账准备的方法由企业自行确定，可以按应收账款余额百分比法、账龄分析法、赊销百分比法等计提坏账准备，也可按客户分别确定应计提的坏账准备，如表6-7所示。

表6-7 计提坏账准备的方法

序号	方法	具体处理
1	应收账款余额百分比法	应收账款余额百分比法就是按应收账款余额的一定比例计算提取坏账准备金。至于计提比例，由于各行业应收账款是否能及时收回，其风险程度不一，各行业规定比例不尽一致。企业每期坏账准备数额的估计要求应合理适中，估计过高会造成期间成本人为升高，估计过低则造成坏账准备不足以抵减实际发生的坏账，起不到坏账准备金的应有作用
2	账龄分析法	账龄是指负债人所欠账款的时间。账龄越长，发生坏账损失的可能性就越大。账龄分析法是指根据应收账款的时间长短来估计坏账损失的一种方法。采用账龄分析法时，将不同账龄的应收账款进行分组，并根据前期坏账实际发生的有关资料，确定各账龄组的估计坏账损失百分比，再将各账龄组的应收账款金额乘以对应的估计坏账损失百分比数，计算出各组的估计坏账损失额之和，即为当期的坏账损失预计金额
3	赊销百分比法	赊销百分比法又称"销货百分比法"，是企业根据当期赊销金额的一定百分比估计坏账的方法。一般认为，企业当期赊销业务越多，坏账的可能性越大。企业可以根据过去的经验和有关资料，估计坏账损失与赊销金额之间的比率，也可以用其他更合理的方法进行估计

不管采用哪种方法，计算当期应计提坏账准备的基本公式如下。

当期应提取的坏账准备=按照相应的方法计算坏账准备期末应有余额－"坏账准备"账户已有的贷方余额（或+"坏账准备"账户已有借方余额）

计算出来当期应提取的坏账准备若为正数，表示应该补提的坏账准备金额；若为负数，则表示应该冲减的坏账准备金额。

6.2.3.3 坏账准备与损失的账务处理

坏账准备与损失的账务处理如表6-8所示。

表6-8 坏账准备与损失的账务处理

序号	业务内容	会计处理
1	提取坏账准备	借：管理费用——计提的坏账准备 贷：坏账准备
2	应提取的坏账准备大于其账面余额	借：管理费用——计提的坏账准备 贷：坏账准备（按其差额提取）
3	应提取的坏账准备小于其账面余额	借：坏账准备（按其差额提取） 贷：管理费用——计提的坏账准备
4	对于确实无法收回的应收款项，经批准作为坏账损失、冲销提取的坏账准备	借：坏账准备 贷：应收账款或其他应收款、预付账款
5	已确认并转销的坏账损失以后又收回	借：应收账款（或其他应收款、应收利息、预付账款等） 贷：坏账准备 借：银行存款 贷：应收账款（或其他应收款、应收利息、预付账款等）

【实例6-12】

某公司2017年年末应收账款余额为1 500 000元，提取坏账准备的比例为3%；2018年，客户F公司发生了坏账损失85 000元，年末应收账款为9 600 000元；2019年，已冲销的F公司应收账款60 000元又收回，期末应收账款为1 200 000元。以下是按账款余额比率法来提取坏账准备。

（1）2017年年末，提取坏账准备。其会计分录如下。

借：资产减值损失——坏账损失　　　　　　　　45 000
　　贷：坏账准备　　　　　　　　　　　　　　　　45 000

（2）2018年

① 冲销坏账。其会计分录如下。

借：坏账准备　　　　　　　　　　　　　　　　85 000
　　贷：应收账款——F公司　　　　　　　　　　　85 000

② 年末提取坏账准备。

坏账准备的余额=9 600 000×3%=28 800（元）
应提取的坏账准备=45 000+28 800=73 800（元）

其会计分录如下。

借：资产减值损失——坏账损失		73 800			
贷：坏账准备				73 800	

（3）2019年

① 收回2017年冲销的F公司应收账款85 000元。

其会计分录如下。

借：应收账款——F公司	85 000	
贷：坏账准备		85 000

同时，还应做以下会计分录。

借：银行存款	85 000	
贷：应收账款——F公司		85 000

② 年末提取坏账准备

坏账准备的余额等于 1 200 000×3%=36 000（元）

应提取的坏账准备等于 36 000-118 800=-82 800（元）

其会计分录如下。

借：坏账准备	82 800	
贷：资产减值损失——坏账损失		82 800

以上会计分录登记在账上如下表所示。

坏账准备明细账

单位：元

日期	摘要	借方	贷方	借或贷	余额
2017.12.31	提取坏账准备		45 000	贷	45 000
2018	冲销F公司应收账款	85 000		贷	-40 000
2018.12.31	提取坏账准备		73 800	贷	33 800
2019	收回F单位应收账款		85 000	贷	118 800
2019.12.31	转回坏账准备	82 800		贷	36 000

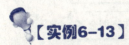
【实例6-13】

某公司年初"坏账准备"账户的余额为贷方8 700元。年末按账龄分析法来提取坏账准备，根据应收账款账龄估计坏账损失如下表所示。

估计坏账损失

应收账款		估计损失率（%）	估计损失金额（元）
账龄	金额		
未到期	250 000	0.5	1 250
逾期1个月	150 000	1.0	1 500
逾期2个月	80 000	2.0	1 600
逾期8个月	140 000	3.0	4 200
逾期1年及以上	50 000	5.0	2 500
合计	670 000		11 050

其会计分录如下。

借：资产减值损失——坏账损失　　　　　2 350
　　贷：坏账准备　　　　　　　　　　　　　　　2 350

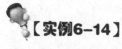

某公司运用销货百分比法来计提坏账准备，当年赊销总额为1 880 000元，估计坏账损失率为1%，年末应计提坏账损失18 800元。其会计分录如下。

借：资产减值损失——坏账损失　　　　　18 800
　　贷：坏账准备　　　　　　　　　　　　　　　18 800

6.2.4　其他应收款

6.2.4.1　其他应收款的定义及内容

其他应收款是企业在商品交易业务以外发生的各种应收、暂付款项，具体项目如图6-5所示。

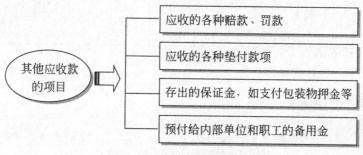

图6-5　其他应收款的项目

其他应收款也应当计提坏账准备。对确实无法收回的其他应收款，应作为坏账损失，冲销提取的坏账准备。

6.2.4.2 其他应收款的账务处理

其他应收款通过"其他应收款"账户核算。其借方登记发生的其他各种应收、暂付款项，贷方登记收回或转销的各种其他应收及暂付款项，期末余额在借方，反映企业尚未收回的其他应收款项。账务处理如表6-9所示。

表6-9 其他应收款的账务处理

序号	业务内容	会计处理
1	发生时	借：其他应收款 　　贷：银行存款
2	收回时	借：银行存款 　　贷：其他应收款

6.2.4.3 其他应收款发生坏账的确认及核算

企业应当定期或者至少于每年年度终了，对其他应收款进行检查，预计其可能发生的坏账损失，并计提坏账准备。

对确实无法收回的其他应收款，按照企业的管理权限，经股东大会或董事会，或经理（厂长）会议或类似机构批准，应作为坏账损失，冲销提取的坏账准备。其会计分录如下。

借：坏账准备
　　贷：其他应收款

6.2.5 预付账款

企业预付货款后，因供货单位破产、撤销等原因已无望收到所购货物的，应将原记入"预付账款"科目的金额转入"其他应收款"科目，并按规定计提坏账准备。

6.2.5.1 预付账款的账务处理

企业应设置"预付账款"科目，其借方登记预先支付给销货方的款项及补付的货款，贷方登记收到预购货物的款项和退回多付货款的款项，期末余额在借方，反映企业预付的款项，期末金额在贷方反映企业未补付的款项。其账务处理如表6-10所示。

表6-10 预付账款的账务处理

序号	业务内容	会计处理
1	预付货款时	借：预付账款 贷：银行存款
2	采购时	借：材料采购（或原材料） 　　应交税费——应交增值税（进项税额） 贷：预付账款
3	补付	借：预付账款 贷：银行存款
4	退回多付	借：银行存款 贷：预付账款

6.2.5.2 预付账款发生坏账的确认及核算

（1）确认预付账款发生坏账的条件。因供货单位破产、滞销等原因已无望再收到所购货物。

（2）预付账款发生坏账的处理。预付账款已确认为坏账后，可以按规定计提坏账准备。类同应收账款。

温馨提示

预付账款业务不多的企业，也可不设预付账款科目，而在应付账款账户下核算。但其实质是一项债权，是资产，与应付账户的性质截然相反。

预付账款、应付账款借方余额，列于资产负债表"预付款项"项目。

预付账款、应付账款贷方余额，列于资产负债表"应付账款"项目。

预收账款、应收账款借方余额，列于资产负债表"应收账款"项目。

预收账款、应收账款贷方余额，列于资产负债表"预收款项"项目。

6.3 存货核算

存货属于企业的流动资产，是企业在日常活动中持有以备出售的产成品或商品，处在生产过程中的在产品，在生产过程或提供劳务过程中耗用的材料、物料等。

6.3.1 存货的计价

6.3.1.1 先进先出法

先进先出法是假定先收到的存货先发出,以此确定发出存货成本和期末结存存货成本的一种方法。

【实例6-15】

某公司2018年2月初结存A材料500千克,每千克实际成本为80元。在本月发生以下业务。

(1) 2月5日,购入该材料300千克,每千克实际成本为100元。
(2) 2月15日,购入该材料500千克,每千克实际成本为110元。
(3) 2月11日,发出该材料600千克。
(4) 2月18日,发出该材料500千克。

采用先进先出法计算2月发出和结存A材料的实际成本,步骤如下。

第一步:求出2月11日的存货发出成本。其计算公式如下。

$$500 \times 80 + 100 \times 100 = 50\ 000(元)$$

第二步:求出2月18日的存货发出成本。其计算公式如下。

$$200 \times 100 + 300 \times 110 = 53\ 000(元)$$

第三步:求出2月发出和结存的实际成本,具体计算如下。

(1) 2月存货的发出成本=50 000+53 000=103 000(元)
(2) 2月存货的结存成本=200×110=22 000(元)

6.3.1.2 加权平均法

加权平均法也称全月一次加权平均法或月末加权平均法,是指月末一次计算加权平均单价,据以计算当月发出存货成本和月末结存存货成本的一种方法。

加权平均单价=(月初结存存货成本+本月收入存货成本)÷(月初结存存货数量+本月收入存货数量)

本月发出存货成本=本月发出存货数量×加权平均单价

月末结存存货成本=月末结存存货数量×加权平均单价

此外,月末结存存货成本也可以采用以下公式:

月末结存存货成本＝月初结存存货成本＋
本月收入存货成本−本月发出存货成本

【实例6-16】

仍以实例6-15内容为例，改用加权平均法计算发出存货成本和期末结存存货成本。

加权平均单价＝（500×80+300×100+500×110）÷（500+300+500）
　　　　　　＝96.15（元/千克）

本月发出存货成本＝96.15×（600+500）＝105 765（元）

月末结存存货成本＝（500+300+500−600−500）×96.15＝19 230（元）

6.3.1.3　移动平均法

移动平均法也称移动加权平均法，是指在每次进货以后，要计算出新的加权平均单价，作为下次进货前发出存货的单位成本的一种方法。移动平均法与全月一次加权平均法的计算原理基本相同，只是要求在每次收入存货时重新计算加权平均单价。其计算公式为：

存货平均成本＝（库存存货成本＋本批收入存货成本）
　　　　　　÷（库存存货数量＋本批收入存货数量）

【实例6-17】

仍以实例6-15内容为例，改用移动平均法计算发出存货成本和期末结存存货成本。

（1）5日，购入后的加权平均单价如下。

（500×80+300×100）÷（500+300）＝87.5（元/千克）

因此，11日发出存货成本＝600×87.5＝52 500（元）

结存存货成本＝200×87.5＝17 500（元）

（2）15日，购入后的加权平均单价如下。

（17 500+500×110）÷（200+500）＝103.57（元/千克）

（3）18日发出存货成本＝600×103.57＝62 142（元）

（4）月末存货成本=200×103.57=20 714（元）

本月发出存货成本=52 500+62 142=114 642（元）

6.3.2 存货的账务处理

存货的账务处理必须依据相关的账户及记账要求进行，以下按库存商品和周转材料来分别列明其账务核算处理。

6.3.2.1 库存商品的账务处理

库存商品的账务处理如表6-11所示。

表6-11 库存商品的账务处理

序号	业务内容		会计处理
1	购入的商品到达验收入库后		借：库存商品（按商品进价） 　　应交税费——应交增值税（进项税额） 贷：应付账款等（按实际应付款项）
2	委托外单位加工回收的商品		借：库存商品（按实际成本） 贷：委托加工物资
3	结转销售发出商品的成本		借：主营业务成本 贷：库存商品
4	盘亏或损毁的库存商品	属于自然灾害造成的	借：营业外支出（按材料对应的成本及不可抵扣的增值税进项税额，减去过失人或保险公司等赔款和残料价值后的余额） 　　其他应收款等（按过失人或保险公司等赔款和残料价值） 贷：库存商品（按实际成本） 　　应交税费——应交增值税（进项税额转出）
		属于其他情况的	借：管理费用、其他应收款等 贷：库存商品（按实际成本） 　　应交税费——应交增值税（进项税额转出）
5	盘盈的库存商品，以其市价或同类、类似商品的市场价格作为实际成本		借：库存商品 贷：管理费用

6.3.2.2 周转材料的账务处理

周转材料的账务处理如表6-12所示。

表6-12 周转材料的账务处理

序号	业务内容		会计处理
1	一次转销的	在领用时，将其全部价值入有关的成本费用	借：管理费用等 贷：周转材料
		报废时，残料价值应冲减有关的成本费用	借：原材料等 贷：管理费用等
2	分次转销的	领用时	借：长期待摊费用 贷：周转材料
		摊销时	借：管理费用等 贷：长期待摊费用
		报废时，残料价值冲减有关成本费用	借：原材料等 贷：管理费用等

6.3.3 存货损失的账务处理

在对存货损失的处理上，会计制度规定：由于预见存货可能遭受损失或不合市价，出于会计上的"谨慎性"，企业在期末要计提"存货跌价准备"，但税法上不予认可；对于正常的存货损失，会计处理等同于税法，在本年利润中直接扣除；对于存货的非正常损失，会计上分两种情况在本年利润中直接扣除，第一种情况是自然灾害损失，在扣除保险公司等赔偿后，记入"营业外支出"科目；第二种情况是因管理不善造成货物被盗窃、发生霉烂变质等损失，扣除有关责任人员赔偿后，记入"管理费用"科目。

6.3.3.1 存货损失的税收处理

存货损失的税收处理要点如图6-6所示。

增值税方面

企业发生非正常损失的购进货物，其进项税额不得从销项税额中抵扣。如果企业在货物发生非正常损失之前，已将该购进货物的增值税进项税额实际申报抵扣，则应当在该批货物发生非正常损失的当期，将该批货物的进项税额予以转出

所得税方面

对于因"管理不善"记入"管理费用"科目和因"自然灾害"记入"营业外支出"科目的存货非正常损失，如果具备规定的证据，经税务机关审查批准后，准予在当期税前扣除

图6-6 存货损失的税收处理

6.3.3.2 存货损失的会计处理

存货损失的会计处理要点如表6-13所示。

表6-13 存货损失的会计处理要点

序号	业务内容	会计处理
1	保管中发生的定额内的合理损耗	借：管理费用 　贷：库存商品（或原材料等）
2	自然灾害所造成的毁损	借：营业外支出 　贷：库存商品（或原材料等）
3	管理不善所造成的损失	借：营业外支出（或其他应收款） 　贷：库存商品（或原材料等）
4	收发差错所造成的短缺损失	借：销售费用 　　营业外支出 　贷：库存商品（或原材料等）

【实例6-18】

某企业为增值税一般纳税人，2018年不包括以下经济业务的情况下的会计利润为2 000 000元，应交增值税金已足额上交，其他会计资料反映情况如下：

已计提存货跌价准备150 000元；因仓库保管员王某放松责任心，导致仓库原材料被盗，经盘查，材料账面价值为50 000元（其中含分摊的运费4 650元）；意外火灾造成库存产品全部烧毁，该产成品的非正常损失金额400 000元。已知全年总计耗用存货金额5 000 000元，全年生产成本金额8000 000元；12月份盘亏一批8月份购入的材料（已抵扣进项税额），盘亏金额为90 000元，查明属于定额内自然损耗；以上材料进项税税率为16%，不考虑其他税费和纳税调整。

根据上述材料，该企业应进行如下账务处理。

（1）存货跌价准备只影响计税所得额，即调增应纳税所得额150 000元，并不影响会计利润额，故不必做调账分录。

（2）被盗材料进项税额转出=（50 000–4 650）×16%+4 650÷（1–6%）×6%=7 552.81元。其会计分录如下：

　　借：待处理财产损溢　　　　　　　　　　　57 552.81
　　　　贷：原材料　　　　　　　　　　　　　　　　50 000.00
　　　　　　应交税费——应交增值税（进项税额转出）　7 552.81

2018年12月20日经董事会批准，由王某赔偿20 000元，并报经税务机关审批同意后。其会计分录如下。

借：管理费用　　　　　　　　　　　　　　　　　37 552.81
　　其他应收款——王某　　　　　　　　　　　　20 000.00
　　贷：待处理财产损溢　　　　　　　　　　　　　　　57 552.81

（3）被毁产成品的进项税转出额＝（产成品的损失金额×全年耗用存货金额÷全年生产成本金额）×适用税率＝（40 0000×5 000 000÷8 000 000）×16%＝40 000元。其会计分录如下。

借：待处理财产损溢　　　　　　　　　　　　　　440 000
　　贷：库存商品　　　　　　　　　　　　　　　　　　400 000
　　　　应交税费——应交增值税（进项税额转出）　440 000

2018年12月20日经董事会批准，并报经税务机关审批同意后。其会计分录如下。

借：营业外支出　　　　　　　　　　　　　　　　440 000
　　贷：待处理财产损溢　　　　　　　　　　　　　　　440 000

（4）盘亏入账时。其会计分录如下。

借：待处理财产损溢　　　　　　　　　　　　　　104 400
　　贷：原材料　　　　　　　　　　　　　　　　　　　90 000
　　　　应交税费——应交增值税（进项税额转出）　14 400

根据相关规定，定额内合理损耗，属正常损失，不必报经税务机关审批，直接在当年所得税前扣除。其会计分录如下。

借：管理费用——定额损耗　　　　　　　　　　　104 400
　　贷：待处理财产损溢　　　　　　　　　　　　　　　104 400

根据上述业务：
该企业应交增值税＝7 552.81＋40 000＋14 400＝61 952.81（元）
应税所得额＝2 000 000＋150 000－37 552.81－440 000－104 400＝
　　　　　　1 568 047.19（元）
应交所得税＝1 568 047.19×25%＝392011.78（元）

温馨提示

如果以上非正常损失当年未报税务机关批准，则不允许在当年及以后年度抵扣；对于正常损耗，虽少了审批这一程序，但也要在证据确凿后才在当年扣除。

6.4 固定资产核算

6.4.1 固定资产科目的设置

一般企业通过设置"固定资产""累计折旧""工程物资""在建工程""固定资产清理"等科目来进行固定资产的核算。

6.4.2 固定资产取得的会计处理

固定资产取得的会计处理要点如表6-14所示。

表6-14 固定资产取得的会计处理要点

序号	业务内容		会计处理
1	购入固定资产	不需安装的	借：固定资产（买价、运杂费、保险费及所缴纳税费） 贷：银行存款
		需要安装的	正在安装时的会计分录如下。 借：在建工程（包括价款、税金及相关费用） 贷：银行存款 完工后的会计分录如下。 借：固定资产 贷：在建工程
2	投资人投入固定资产		借：固定资产 贷：实收资本
3	自行建造、完工验收交付使用的固定资产		借：固定资产 贷：在建工程
4	融资租入的固定资产		借：固定资产或在建工程 贷：长期应付款（按最低租赁付款额） 借：未确认融资费用 贷：银行存款（按发生的初始直接费用，按其差额）

6.4.3 固定资产的折旧

固定资产在使用过程中会发生磨损、消耗，其价值会逐渐减少，这种价值的减少就是固定资产折旧。固定资产价值发生减少，就应该把这种价值的减少计算出来（即计提折旧），并在科目中予以记录。

6.4.3.1 固定资产的折旧方法

折旧计算方法可以采用平均年限法、工作量法、双倍余额递减法、年数总和法等。其中双倍余额递减法、年数总和法属于加速折旧法。

（1）平均年限法。平均年限法又称直线法，是将固定资产的折旧均衡地分摊到各期的一种方法。使用这种方法计算的每期折旧额均是等额的。其计算公式如下。

$$年折旧率 = \frac{1-预计净残值率}{折旧年限} \times 100\%$$

$$月折旧率 = 年折旧率 \div 12$$

$$月折旧额 = 固定资产原值 \times 月折旧率$$

【实例6-19】

某公司有一台设备，原值为100 000元，预计可使用10年，按照有关规定，该设备报废时的净残值率为5%。以平均年限法计算该设备的月折旧率和月折旧额为：

$$年折旧率 = \frac{1-5\%}{10} \times 100\% = 9.5\%$$

$$月折旧率 = 9.5\% \div 12 = 0.79\%$$

$$月折旧额 = 100\,000 \times 0.79\% = 790（元）$$

（2）工作量法。工作量法是根据实际工作量计提折旧额的一种方法。按照行驶里程计算折旧如下。

$$单位里程折旧额 = \frac{固定资产原值 \times (1-预计净残值率)}{总行驶里程}$$

按工作小时计算折旧：

$$工作小时折旧额 = \frac{固定资产原值 \times (1-预计净残值率)}{总工作小时}$$

【实例6-20】

某公司的一辆货车原值为50 000元,预计总行驶里程为500 000千米,其报废时的净残值率为5%,本月行驶10 000千米。该辆货车的月折旧额计算为:

$$单位里程折旧额 = \frac{50000 \times (1-5\%)}{500000} = 0.095$$

本月折旧额=10 000×0.095=950(元)

(3)双倍余额递减法。双倍余额递减法是在不考虑固定资产残值的情况下,根据每期期初固定资产账面净值和双倍的直线法折旧率计算固定资产折旧的一种方法。其计算公式为:

$$年折旧率 = \frac{2}{折旧年限} \times 100\%$$

月折旧额=年折旧额÷12

年折旧额=每期期初固定资产账面净值×年折旧率

温馨提示

实行双倍余额递减法时,固定资产折旧年限在到期前两年,每年要按届时固定资产净值扣除预计净残值后的数额的50%计提。

【实例6-21】

某公司一台固定资产的原价为100 000元,预计使用年限为10年,预计净残值为3 000元。以双倍余额递减法计算折旧,具体计算为:

$$年折旧率 = \frac{2}{10} \times 100\% = 20\%$$

第1年应计提的折旧额=100 000×20%=20 000(元)
第2年应计提的折旧额=(100 000−20 000)×20%=16 000(元)
第3年应计提的折旧额=(100 000−20 000−16 000)×20%=12800(元)
根据以上的计算要求第4、第5年的年折旧额=
[(100 000−20 000−16 000−12 800)−3 000]×50%=24 100(元)
各月折旧额则根据年折旧额除以12来计算。

(4) 年数总和法。年数总和法是按固定资产应提折旧的总额乘以一个变动折旧率计算折旧额的一种方法。其计算公式为：

$$年折旧率 = \frac{折旧年限 - 已使用年限}{折旧年限 \times (折旧年限 + 1) \div 2} \times 100\%$$

$$年折旧额 = (固定资产原值 - 预计净残值) \times 年折旧率$$

$$月折旧额 = 固定资产年折旧额 \div 12$$

某公司一台固定资产的原价为100 000元，折旧年限为5年，预计净残值为5 000元。以年数总和法计算折旧。

首先确定每年的折旧率，依上述公式计算，从第1年到第5年，各年的折旧率依次为 $\frac{5}{15}, \frac{4}{15}, \frac{3}{15}, \frac{2}{15}, \frac{1}{15}$。

第1年应计提的折旧额 = (100 000 - 5 000) × $\frac{5}{15}$ = 31 666.67（元）

第2年应计提的折旧额 = (100 000 - 5 000) × $\frac{4}{15}$ = 25 333.33（元）

第3年应计提的折旧额 = (100 000 - 5 000) × $\frac{3}{15}$ = 19 000（元）

第4年应计提的折旧额 = (100 000 - 5 000) × $\frac{2}{15}$ = 12 666.67（元）

第5年应计提的折旧额 = (100 000 - 5 000) × $\frac{1}{15}$ = 6 333.3（元）

6.4.3.2 固定资产折旧的会计处理

"累计折旧"科目属于资产类的备抵调整科目，其结构与一般资产科目的结构刚好相反，累计折旧是贷方登记增加，借方登记减少，余额在贷方。

固定资产折旧的会计处理要点如表6-15所示。

表6-15 固定资产折旧的会计处理要点

序号	业务内容	会计处理
1	按月计提的固定资产折旧和增加固定资产而相应增加其已提折旧	借：管理费用 　　销售费用 　　其他业务成本 贷：累计折旧
2	因出售、报废清理、盘亏等原因减少固定资产而应转销已提折旧额	借：累计折旧 贷：相关科目

6.4.4 固定资产的清理

"固定资产清理"是资产类科目，用来核算企业因出售、报废和毁损等原因转入清理的固定资产净值以及在清理过程中所发生的清理费用和清理收入。其借方登记固定资产转入清理的净值和清理过程中发生的费用，贷方登记收回出售固定资产的价款、残料价值和变价收入，其贷方余额表示清理后的净收益；借方余额表示清理后的净损失，清理完毕后应将其贷方或借方余额转入"营业外收入"或"营业外支出"科目。

固定资产清理的会计核算要点如表6-16所示。

表6-16 固定资产清理的会计核算要点

序号	业务内容	会计处理
1	出售、报废和毁损的固定资产转入清理时	借：固定资产清理（转入清理的固定资产账面价值） 　　累计折旧（已计提的折旧） 　　固定资产减值准备（已计提的减值准备） 贷：固定资产（固定资产的账面原价）
2	发生清理费用时	借：固定资产清理 贷：银行存款
3	计算缴纳营业税时	借：固定资产清理 贷：应交税费——应交营业税
4	收回出售固定资产的价款、残料价值和变价收入等时	借：银行存款 　　原材料等 贷：固定资产清理
5	应由保险公司或过失人赔偿时	借：其他应收款 贷：固定资产清理
6	固定资产清理后的净收益	借：固定资产清理 贷：管理费用（属于筹建期间） 　　营业外收入——处理固定资产净收益（属于生产经营期间）

续表

序号	业务内容	会计处理
7	固定资产清理后的净损失	借：管理费用（属于筹建期间） 营业外支出——非常损失（属于生产经营期间由于自然灾害等非正常原因造成的损失） 营业外支出——处理固定资产净损失（属于生产经营期间正常的处理损失） 贷：固定资产清理

【实例6-23】

某企业通过清理资产，出售一台旧机器，原值12 000元，售价6 500元，收到现金，该机器已提折旧6 000元，做如下账务处理。

（1）先注销固定资产和折旧。其会计分录如下。

借：固定资产清理——机器　　　　　　　　　　　6 000
　　累计折旧　　　　　　　　　　　　　　　　　6 000
　　贷：固定资产　　　　　　　　　　　　　　　　　12 000

（2）收回价款。其会计分录如下。

借：库存现金　　　　　　　　　　　　　　　　　6 500
　　贷：固定资产清理——机器　　　　　　　　　　　6 500

（3）结转净收益。其会计分录如下。

借：固定资产清理——机器　　　　　　　　　　　500
　　贷：营业外收入　　　　　　　　　　　　　　　500

【实例6-24】

某企业因火灾烧毁仓库一座，原值52 000元，已提折旧22 000元，保险公司赔偿15 000元通过银行已支付。清理残料变卖收入现金1 100元，以现金开支清理费1 300元。经批准，转入递延资产处理，分4年摊销。做如下账务处理。

（1）先注销固定资产和折旧。其会计分录如下。

借：固定资产清理——仓库　　　　　　　　　　　30 000
　　累计折旧　　　　　　　　　　　　　　　　　22 000
　　贷：固定资产——仓库　　　　　　　　　　　　　52 000

(2)支付清理费用。其会计分录如下。

借：固定资产清理——仓库　　　　　　　　　1 300
　　贷：库存现金　　　　　　　　　　　　　　　　1 300

(3)保险公司赔偿。其会计分录如下。

借：银行存款　　　　　　　　　　　　　　　15 000
　　贷：固定资产清理——仓库　　　　　　　　　15 000

(4)残料变卖收入。其会计分录如下。

借：库存现金　　　　　　　　　　　　　　　1 100
　　贷：固定资产清理——仓库　　　　　　　　　1 100

(5)结转净损失（30 000+1 300-15 000-1 100）。其会计分录如下。

借：递延所得税资产　　　　　　　　　　　　15 200
　　贷：固定资产清理——仓库　　　　　　　　　15 200

(6)结转当年摊销数（15 200÷4）。其会计分录如下。

借：其他业务成本　　　　　　　　　　　　　3 800
　　贷：递延所得税资产　　　　　　　　　　　　3 800

6.5 流动负债核算

6.5.1 短期借款核算

进行短期借款的核算，首先要建立"短期借款"的总账，然后设置各种明细账，再按种类进行核算。

在借入时，借方登记银行存款，贷方登记短期借款，归还借款时则刚好相反。短期借款发生的利息，在借方登记财务费用，贷方登记应付利息、银行存款等科目。

短期借款的核算原理如表6-17所示。

表6-17　短期借款的核算原理

序号	业务内容	会计处理
1	借入各种短期借款	借：银行存款 　　贷：短期借款
2	偿还短期借款	借：短期借款 　　贷：银行存款

续表

序号	业务内容	会计处理
3	发生短期借款利息	借：财务费用 　　贷：应付利息 　　　　银行存款
4	实际支付利息	借：应付利息（按照已预提的利息金额） 　　财务费用（按照应计利息） 　　贷：银行存款（按应付利息总额）

某公司2018年1月15日从银行贷款1 000 000元，月利率0.1%，期限6个月，到期一次还本付息，如下账务处理。

（1）借款时

借：银行存款　　　　　　　　　　　　　　1 000 000

　　贷：短期借款　　　　　　　　　　　　　　　1 000 000

（2）1月底计提利息时

借：财务费用　　　　　　　　　　　　　　　　1 000

　　贷：应付利息　　　　　　　　　　　　　　　　　1 000

（3）到7月1日还本付息时

借：短期借款　　　　　　　　　　　　　　1 000 000

　　应付利息　　　　　　　　　　　　　　　　6 000

　　贷：银行存款　　　　　　　　　　　　　　　1 006 000

6.5.2 应付账款核算

应付账款是指因购买材料、商品或接受劳务供应等而应支付给供应单位的款项。进行应付账款的核算，首先要建立"应付账款"的总账，然后按供应单位设置明细账。

应付账款的核算原理汇总如表6-18所示。

表6-18 应付账款的核算原理

序号	业务内容	会计处理
1	购入材料、商品等验收入库，但货款尚未支付	借：原材料或库存商品 　　应交税费——应交增值税（进项税额） 贷：应付账款
2	接受供应单位提供劳务	借：管理费用等 贷：应付账款
3	偿还应付账款	借：应付账款 贷：银行存款

6.5.3 应付票据核算

应付票据简单地说就是企业购买材料、商品和接受劳务供应等而开出、承兑的商业汇票，包括银行承兑汇票和商业承兑汇票，到期需要支付的款项。

应付票据的核算原理汇总如表6-19所示。

表6-19 应付票据的核算原理

序号	业务内容	会计处理
1	开出商业汇票	借：应付账款等 贷：应付票据
2	支付银行承兑汇票的手续费	借：财务费用 贷：银行存款
3	收到银行支付到期票据的付款通知	借：应付票据 贷：银行存款
4	带息票据的期末计息	借：财务费用 贷：应付票据
5	应付票据到期，如企业无力支付票款	借：其他货币资金 　　应付票据 贷：应付账款 　　其他货币资金 借：应付票据 贷：短期借款
6	票据到期支付利息	借：应付票据（按账面余额） 　　财务费用（未计的利息） 贷：银行存款（实际支付的金额）

> **温馨提示**
>
> 如果企业到期无法支付票据,就转入短期借款处理,并将罚款支出作为营业外支出处理。

6.5.4 应付职工薪酬核算

应付职工薪酬是企业根据有关规定应付给职工的各种薪酬,按照"工资、奖金津贴、补贴""职工福利""社会保险费""住房公积金""工会经费""职工教育经费""解除职工劳动关系补偿""非货币性福利""其他与获得职工提供的服务相关的支出"等应付职工薪酬项目进行明细核算。

企业应当根据职工提供服务的受益对象,对发生的职工薪酬分别进行处理,同时按照有关规定向职工支付工资、奖金、津贴等,借记"应付职工薪酬"科目,贷记"银行存款""库存现金"等科目。如表6-20所示。

表6-20 应付职工薪酬的核算原理

序号	业务内容	会计处理
1	生产部门的职工薪酬	借:生产成本 　　制造费用 　　劳务成本 贷:应付职工薪酬
2	在建工程、研发支出负担的职工薪酬	借:在建工程 　　研发支出 贷:应付职工薪酬
3	管理部门、销售部门的职工薪酬	借:管理费用(销售费用) 贷:应付职工薪酬
4	企业以其自产产品发放给职工作为职工薪酬的	借:管理费用 　　生产成本 　　制造费用 贷:应付职工薪酬
5	无偿向职工提供住房等固定资产使用的,按应计提的折旧额	借:管理费用 　　生产成本 　　制造费用 贷:应付职工薪酬 借:应付职工薪酬 贷:累计折旧

续表

序号	业务内容	会计处理
6	租赁住房等资产供职工无偿使用的，按每期应支付的租金	借：管理费用 　　生产成本 　　制造费用 　贷：应付职工薪酬
7	因解除与职工的劳动关系给予的补偿	借：管理费用 　贷：应付职工薪酬
8	企业以现金与职工结算的股份支付，在等待期内每个资产负债表日，按当期应确认的成本费用金额	借：管理费用 　　生产成本 　　制造费用 　贷：应付职工薪酬
9	在可行权日之后，以现金结算的股份支付当期公允价值的变动金额	借：公允价值变动损益 　贷：应付职工薪酬 借：应付职工薪酬 　贷：公允价值变动损益
10	企业（外商）按规定从净利润中提取的职工奖励及福利基金	借：利润分配——提取的职工奖励及福利基金 　贷：应付职工薪酬
11	支付工会经费和职工教育经费用于工会活动和职工培训	借：应付职工薪酬 　贷：银行存款
12	按照国家有关规定交纳社会保险费和住房公积金	借：应付职工薪酬 　贷：银行存款
13	向职工支付工资、奖金、津贴、福利费等，从应付职工薪酬中扣还的各种款项等	借：应付职工薪酬 　贷：银行存款 　　库存现金 　　其他应收款 　　应交税费——应交个人所得税
14	企业以其自产产品发放给职工的	借：应付职工薪酬 　贷：主营业务收入
15	支付租赁住房等资产供职工无偿使用所发生的租金	借：应付职工薪酬 　贷：银行存款
16	企业以现金与职工结算的股份支付，在行权日	借：应付职工薪酬 　贷：库存现金
17	企业因解除与职工的劳动关系给予职工的补偿	借：应付职工薪酬 　贷：银行存款 　　库存现金

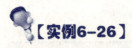
【实例6-26】

某企业从银行提取现金50 000元发放职工薪酬,其中生产人员的薪酬为30 000元,管理人员的薪酬为20 000元,并按10%的比例提取福利费。

会计根据以上的内容,在核算时做如下账务处理。

(1)提取现金时。其会计分录如下。

借:库存现金　　　　　　　　　　　　　　　　50 000
　　贷:银行存款　　　　　　　　　　　　　　　　　50 000

(2)发放工资时。其会计分录如下。

借:应付职工薪酬——工资　　　　　　　　　　50 000
　　贷:库存现金　　　　　　　　　　　　　　　　　50 000

具体发放不同人员的工资时。其会计分录如下。

借:生产成本　　　　　　　　　　　　　　　　30 000
　　管理费用　　　　　　　　　　　　　　　　20 000
　　贷:应付职工薪酬　　　　　　　　　　　　　　　50 000

(3)计提福利费时。其会计分录如下。

借:生产成本　　　　　　　　　　　　　　　　3 000
　　管理费用　　　　　　　　　　　　　　　　2 000
　　贷:应付职工薪酬　　　　　　　　　　　　　　　5 000

6.5.5 应交税费核算

企业按照税法等规定计算应交纳的各种税费,包括增值税、消费税、所得税、资源税、土地增值税、房产税、土地使用税等。企业代扣代缴的个人所得税等,也通过本科目核算。

本科目可按应交的税费项目进行明细核算。本科目期末贷方余额,反映企业尚未交纳的税费;期末如为借方余额,反映企业多交或尚未抵扣的税费。

应交税费的核算原理如表6-21所示。

表6-21 应交税费的核算原理

序号	业务类别	会计处理
应交增值税	接受应税劳务	借:委托加工物资 　　管理费用等 　　应交税费——应交增值税(进项税额) 贷:银行存款等

续表

序号	业务类别	会计处理
应交增值税	购买物资	借：库存商品等 　　应交税费——应交增值税（进项税额） 贷：银行存款等
	销售物资或提供劳务	借：银行存款等 贷：主营业务收入 　　应交税费——应交增值税（销项税额）
	随同商品出售但单独计价的包装物	借：应收账款等 贷：应交税费——应交增值税（销项税额）
	出租、出借包装物逾期未收回而没收的押金	借：其他应付款 贷：应交税费——应交增值税（销项税额）
	购进物资发生非正常损失以及改变用途	借：待处理财产损溢 　　管理费用等 贷：应交税费——应交增值税（进项税额转出）
	上交应交增值税	借：应交税费——应交增值税 贷：银行存款
应交消费税	销售需要交纳消费税的物资	借：税金及附加 贷：应交税费——应交消费税
	随同商品出售但单独计价的包装物	借：其他业务成本 贷：应交税费——应交消费税
	出租、出借包装物逾期未收回没收的押金	借：其他业务成本 贷：应交税费——应交消费税
	交纳消费税	借：应交税费——应交消费税 贷：银行存款
应交资源税	销售物资应交纳的资源税	借：税金及附加 贷：应交税费——应交资源税
	自产自用的物资应交纳的资源税	借：生产成本 贷：应交税费——应交资源税
	交纳资源税	借：应交税费——应交资源税 贷：银行存款
应交所得税	计算当期应交的所得税	借：所得税费用 贷：应交税费——应交所得税
	交纳所得税	借：应交税费——应交所得税 贷：银行存款
土地增值税	转让国有土地使用权连同地上建筑物及附着物应交纳增值税	借：固定资产等 贷：应交税费——应交土地增值税
	交纳土地增值税	借：应交税费——应交土地增值税 贷：银行存款

续表

序号	业务类别	会计处理
城市维护建设税	按规定计算交纳的城市维护建设税	借：税金及附加 贷：应交税费——应交城市维护建设税
	交纳城市维护建设税	借：应交税费——应交城市维护建设税 贷：银行存款
房产税	按规定计算应交纳的房产税	借：管理费用 贷：应交税费——应交房产税
	交纳房产税	借：应交税费——应交房产税 贷：银行存款
土地使用税	按规定计算应交纳的土地使用税	借：管理费用 贷：应交税费——应交土地使用税
	交纳土地使用税	借：应交税费——应交土地使用税 贷：银行存款
车船税	按规定计算应交纳的车船税	借：管理费用 贷：应交税费——应交车船税
	交纳车船税	借：应交税费——应交车船税 贷：银行存款
个人所得税	按规定计算代扣代缴的职工个人所得税	借：应付职工薪酬 贷：应交税费——应交个人所得税
	交纳个人所得税	借：应交税费——应交个人所得税 贷：银行存款
印花税	购买印花税票时	借：管理费用 贷：银行存款

【实例6-27】

A企业为B企业代加工某产品100个，每个收取加工费100元，适用的增值税税率为16%。加工完成，收到B企业支付的款项并存入银行。因此，制作以下的分录。

借：银行存款　　　　　　　　　　　　　　　　　　11 600
　　贷：主营业务收入　　　　　　　　　　　　　　10 000
　　　　应交税费——应交增值税（销项税额）　　　1600

6.6 收入核算

6.6.1 直接收款交货销售核算

采用直接收款交货方式销售产品时,企业收到货款并把发票账单和提货单交给买方时,确认为收入实现。这时应根据有关凭证借记"银行存款""应收票据""应收账款"等科目,贷记"主营业务收入""应交税费——应交增值税"等科目。同时,结转发出产品的实际成本(产品销售成本可以在平时逐笔结转,也可于月末集中一次结转),借记"主营业务成本"科目,贷记"库存商品"科目。

需要交纳消费税、资源税、城市维护建设税、教育费附加等税费的,应在确认收入的同时,或在月份终了时,按应交的税费金额,借记"税金及附加"等科目,贷记"应交税费——应交消费税(或应交资源税、应交教育费附加、应交城市维护建设税)"等科目。

【实例6-28】

某公司销售产品50件,单位售价100元,增值税税率为16%,款项已经收到。该批产品单位成本70元。假定消费税税率为5%。

该项销售已符合销售收入确认的5个条件,应确认为收入的实现,本项销售业务涉及"主营业务收入""银行存款""应交税费"等科目。其会计分录如下。

借:银行存款　　　　　　　　　　　　　　　　5 800
　贷:主营业务收入　　　　　　　　　　　　　　5 000
　　　应交税费——应交增值税(销项税额)　　　 800

计算应上交的消费税,这项经济业务一方面使得企业的应交税费增加了250元,应贷记"应交税费"科目;另一方面也使企业税金及附加增加250元,应借记"税金及附加"科目。其会计分录如下。

借:税金及附加　　　　　　　　　　　　　　　　250
　贷:应交税费——应交消费税　　　　　　　　　 250

结转销售成本,应从"库存商品"科目转入"主营业务成本"科目。其会计分录如下。

借:主营业务成本　　　　　　　　　　　　　　　3 500
　贷:库存商品　　　　　　　　　　　　　　　　3 500

6.6.2 托收承付方式销售核算

【实例6-29】

某公司以托收承付方式向A厂销售一批商品,成本为50 000元,增值税专用发票上注明:售价为100 000元,增值税额为16 000元,该批商品已经发出,并已向银行办妥托收手续。A厂承诺付款。

这项经济业务属于托收承付销售业务,公司已将商品发出,并已向银行办妥托收手续,A厂承诺付款,按规定应视为营业收入的实现。企业尚未实际收到款项,故应做应收账款处理。这项经济业务涉及"应收账款""主营业务收入""应交税费——应交增值税"科目。其会计分录如下。

借:应收账款——A厂　　　　　　　　　　　116 000
　　贷:主营业务收入　　　　　　　　　　　　100 000
　　　　应交税费——应交增值税(销项税额)　 16 000

结转销售成本,应从"库存商品"科目结转至"主营业务成本"科目。其会计分录如下。

借:主营业务成本　　　　　　　　　　　　　50 000
　　贷:库存商品　　　　　　　　　　　　　　50 000

6.6.3 分期收款销售核算

分期收款销售是指商品已经交付,但货款分期收回的一种销售方式。分期收款销售的特点是销售商品的价值较大,如汽车、重型设备等;收款期较长,有的是几年,有的长达几十年;收取货款的风险较大。因此,分期收款销售方式下,企业应按照合同约定的收款日期分期确认销售收入。

采用分期收款销售方式的企业,应设"分期收款发出商品"科目,核算已经发出但尚未结转的产品成本。

企业在发出商品时,按商品的实际成本,借记"分期收款发出商品"科目,贷记"库存商品"科目;在每期销售实现时,应按本期应收的货款金额,借记"银行存款"或"应收账款"科目,按当期实现的销售收入,贷记"主营业务收入"科目,按增值税发票上注明的增值税金额,贷记"应交税费——应交增值税(销项税额)"科目。同时按商品全部销售成本与全部销售收入的比率计算出本期应结转的销售成本,借记"主营业务成本"科目,贷记"分期收款发出商品"科目。

【实例6-30】

某公司2018年3月1日采用分期收款方式销售甲商品一台，售价400 000元，增值税税率为16%，实际成本为200 000元，合同约定款项在1年内按季度平均收回，每季度末为收款日期，每季度收回货款100 000元。

该公司应做如下账务处理。

（1）发出商品时。其会计分录如下。

借：分期收款发出商品　　　　　　　　　　　200 000
　　贷：库存商品　　　　　　　　　　　　　　　　200 000

（2）每季度末时。其会计分录如下。

借：应收账款（或银行存款）　　　　　　　　116 000
　　贷：主营业务收入　　　　　　　　　　　　　　100 000
　　　　应交税费——应交增值税（销项税额）　　　 16 000

同时结转商品成本。其会计分录如下。

借：主营业务成本　　　　　　　　　　　　　　50 000
　　贷：分期收款发出商品　　　　　　　　　　　　 50 000

6.6.4 销售折扣核算

企业在销售产品时会发生两种折扣：一种是商业折扣；另一种为现金折扣。

商业折扣是指企业为促进销售而在商品标价上给予的扣除。例如，企业为鼓励买方购买更多的商品而规定购买10件以上者给10%的折扣，这种折扣对会计处理并不产生影响，只要按扣除商业折扣后的净额确认销售收入即可。

（1）现金折扣是指债权人为鼓励债务人在规定的期限内提前付款，而向债务人提供的债务扣除。现金折扣通常发生在以赊销方式销售商品及提供劳务的交易中。

（2）企业为了鼓励客户提前偿付货款，通常与债务人达成协议，债务人在不同的期限内付款可享受不同比例的折扣。现金折扣一般用符号"折扣/付款期限"表示。

【实例6-31】

某公司在2019年4月1日销售商品一批，增值税专用发票上注明售价10 000元，增值税额1 600元。公司为了及早收回货款而在合同中规定符合现金折扣的条件为"2/10，1/20，$n/30$"，假定计算折扣时不考虑增值税。

(1) 9月1日销售实现时,应按全价入账。这项经济业务涉及"应收账款""主营业务收入"、"应交税费——应交增值税"科目。其会计分录如下。

借:应收账款　　　　　　　　　　　　　　　　　　11 600
　　贷:主营业务收入　　　　　　　　　　　　　　　　10 000
　　　　应交税费——应交增值税(销项税额)　　　　　1 600

(2) 如9月8日买方付清货款,则按售价的2%享受现金折扣200元(10 000×2%),因此,企业的银行存款增加,财务费用增加,应借记"银行存款""财务费用"科目,同时,应收账款减少,应贷记"应收账款"科目。

借:银行存款　　　　　　　　　　　　　　　　　　11 400
　　财务费用　　　　　　　　　　　　　　　　　　　 200
　　贷:应收账款　　　　　　　　　　　　　　　　　11 600

6.6.5　销售折让核算

销售折让是指企业因售出商品的质量不合格等原因而在售价上给予的减让。发生的销售折让应在实际发生时冲减发生当期的收入。如按规定允许扣除当期销项税额的,应同时用红字冲减"应交税费——应交增值税"科目的"销项税额"专栏。

【实例6-32】

某公司销售商品一批,增值税专用发票上的售价为20 000元,增值税额为3 200元,货到后买方发现商品质量不合格,要求在价格上给予5%的折让。

(1) 销售实现时,涉及"应收账款""主营业务收入""应交税费——应交增值税(销项税额)"科目。其会计分录如下。

借:应收账款　　　　　　　　　　　　　　　　　　23 200
　　贷:主营业务收入　　　　　　　　　　　　　　　　20 000
　　　　应交税费——应交增值税(销项税额)　　　　　3 200

(2) 发生销售折让时,应减少当期的营业收入,因此,应借记"主营业务收入""应交税费——应交增值税(销项税额)"科目,贷记"应收账款"科目。

借:主营业务收入　　　　　　　　　　　　　　　　 1 000
　　应交税费——应交增值税(销项税额)　　　　　　　 160
　　贷:应收账款　　　　　　　　　　　　　　　　　 1 160

（3）实际收到款项时，银行存款增加，应借记"银行存款"科目，应收账款减少，应贷记"应收账款"科目。其会计分录如下。

借：银行存款　　　　　　　　　　　　　　　　　22 040
　　贷：应收账款　　　　　　　　　　　　　　　　22 040

6.6.6　销售退回核算

销售退回是指企业售出的商品，由于质量、品种不符合要求等原因而发生的退货。

企业确认收入后，又发生销售退回的，不论是当年销售的，还是以前年度销售的，一般均应冲减退回当月的销售收入；同时冲减退回当月的销售成本；如该项销售已经发生现金折扣或销售折让的，应在退回当月一并调整；企业发生销售退回时，如按规定允许扣减当期销项税的，应同时用红字冲减"应交税费——应交增值税"科目的"销项税额"专栏。

【实例6-33】

某生产企业销售A商品一批，售价为10 000元，增值税额为1 600元，成本为6 000元，货款已收回，原因是该批产品质量严重不合格被退回。

（1）销售商品时，按实现营业收入核算，涉及"银行存款""主营业务收入""应交税费——应交增值税（销项税额）"科目。其会计分录如下。

借：银行存款　　　　　　　　　　　　　　　　　11 600
　　贷：主营业务收入　　　　　　　　　　　　　　10 000
　　　　应交税费——应交增值税（销项税额）　　　 1 600

结转实现营业收入的成本，应从"库存商品"科目结转至"主营业务成本"科目。其会计分录如下。

借：主营业务成本　　　　　　　　　　　　　　　　6 000
　　贷：库存商品　　　　　　　　　　　　　　　　　6 000

（2）发生销售退回时，应冲减营业收入，因此，应借记"主营业务收入""应交税费——应交增值税（销项税额）"科目，同时，企业的银行存款减少，贷记"银行存款"科目。其会计分录如下。

借：主营业务收入　　　　　　　　　　　　　　　　10 000
　　应交税费——应交增值税（销项税额）　　　　　 1 600
　　贷：银行存款　　　　　　　　　　　　　　　　11 600

冲减当月退回商品的销售成本,从"主营业务成本"科目转入"库存商品"科目。其会计分录如下。

借:库存商品　　　　　　　　　　　　　　　　　　6 000
　　贷:主营业务成本　　　　　　　　　　　　　　　　6 000

【实例6-34】

某公司于2018年5月4日销售B商品一批,售价为20 000元,增值税额为3 200元,成本为12 000元。合同规定现金折扣条件为"2/10,1/20,n/30"。买方于5月10日付款。2018年8月20日,该批产品因质量严重不合格被退回。该公司应做如下账务处理。

(1)销售商品时。其会计分录如下。

借:应收账款　　　　　　　　　　　　　　　　　　23 200
　　贷:主营业务收入　　　　　　　　　　　　　　　20 000
　　　　应交税费——应交增值税(销项税额)　　　　　3 200

结转实现营业收入的成本,应从"库存商品"科目结转至"主营业务成本"科目。其会计分录如下。

借:主营业务成本　　　　　　　　　　　　　　　　12 000
　　贷:库存商品　　　　　　　　　　　　　　　　　12 000

(2)收到货款时,5月10日付款应享受2%的现金折扣400元(20 000×2%)。因此,这项经济业务使企业银行存款增加,财务费用增加,同时应收账款减少。应借记"银行存款""财务费用"科目,贷记"应收账款"科目。其会计分录如下。

借:银行存款　　　　　　　　　　　　　　　　　　22 800
　　财务费用　　　　　　　　　　　　　　　　　　　　400
　　贷:应收账款　　　　　　　　　　　　　　　　　23 200

(3)销售退回时,应冲减企业的营业收入,此项经济业务涉及"主营业务收入""应交税费——应交增值税(销项税额)""银行存款""财务费用"科目。其会计分录如下。

借:主营业务收入　　　　　　　　　　　　　　　　20 000
　　应交税费——应交增值税(销项税额)　　　　　　　3 200
　　贷:银行存款　　　　　　　　　　　　　　　　　22 800
　　　　财务费用　　　　　　　　　　　　　　　　　　400

发生销售退回时，库存产成品增加，应借记"库存商品"科目，主营业务成本减少，应贷记"主营业务成本"科目。其会计分录如下。

借：库存商品　　　　　　　　　　　　　　　　12 000
　　贷：主营业务成本　　　　　　　　　　　　　　　12 000

6.6.7　提供劳务收入核算

提供劳务收入是指企业通过提供劳务而取得的收入。一般按企业与接收劳务方签订的合同或协议约定的金额确定。若存在现金折扣，则在实际发生时计入财务费用。

按提供劳务交易的结果能否可靠地计量，分以下两种情况分别加以确认。

6.6.7.1　交易结果能够可靠地计量

交易结果能够可靠地计量是指在资产负债表日，企业提供劳务的结果（完成程度）能够可靠地估计。

应采用完工百分比法确认提供劳务收入；同时确认与该收入相关的成本。其计算公式为：

第1年采用公式的这部分计算

本年应确认的收入 = 提供劳务收入总额 × 至本年末止劳务的完成程度 − 以前年度已确认的收入

提供劳务的以后各个年度采用整个公式进行计算

【实例6-35】

2018年12月1日，某公司接受一项设备安装劳务，合同约定的安装费总额为200 000元（可实现收入总额）。至2018年12月31日，实际发生安装成本60 000元。估计至设备安装完成，还会发生安装成本90 000元。该公司2018年劳务收入的计算公式为：

第1年采用公式的这部分计算

2018本年应确认的收入 = 提供劳务收入总额 × 至本年末止劳务的完成程度 − 以前年度已确认的收入

$$=200\,000\times\frac{60\,000}{60\,000+90\,000}-0$$

$$=80\,000(元)$$

该公司2018年的安装工程完成程度为40%。

根据实例6-35来估计2018年设备安装完成还会发生成本90 000元。确认2018年劳务收入的计算公式为：

提供劳务的以后各个年度采用整个公式进行计算

2018本年应确认的收入 = 提供劳务收入总额 × 至本年末止劳务的完成程度 − 以前年度已确认的收入

$$=200\,000\times\frac{60\,000+90\,000}{60\,000+90\,000}-80\,000$$

$$=120\,000(元)$$

该公司2018年的安装工程完成程度为100%。

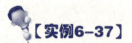

2018年12月1日，某公司接受一项设备安装劳务的安装费总额为150 000元。实际发生安装成本2018年为60 000元，估计2019年为90 000元。该公司2018年劳务成本的计算公式为：

2018年劳务成本=150 000×40%=60 000（元）

还可采用下面的公式来计算以后各年度的劳务成本：

$$\underbrace{\text{本年应确认的收入} = \overbrace{\text{提供劳务收入总额} \times \text{至本年末止劳务的完成程度}}^{\text{第1年采用公式的这部分计算}} - \text{以前年度已确认的收入}}_{\text{提供劳务的以后各个年度采用整个公式进行计算}}$$

【实例6-38】

2018年12月1日，某公司接受一项设备安装劳务的安装费总额为152 000元。实际发生安装成本2018年为60 000元，2019年为92 000元。该公司2019年劳务成本的计算公式为：

2019年劳务成本=152 000×100%–60 000=92 000（元）

【实例6-39】

2018年12月1日，某公司接受一项设备安装劳务，安装费总额为200 000元，对方预付50%，其余50%待设备验收合格后支付。至2018年12月31日，实际发生安装成本60 000元，其中，支付安装人员工资36 000元，领用库存原材料5 000元，其余均以银行存款支付。估计至2018年设备安装完成，还会发生安装成本90 000元。该公司2018年应做如下账务处理。

（1）预收50%的劳务价款。其会计分录如下。

借：银行存款	100 000
贷：预收账款	100 000

（2）支付2018年实际发生的安装成本。其会计分录如下。

①借：劳务成本	36 000
贷：应付职工薪酬	36 000
②借：劳务成本	5 000
贷：原材料	5 000
③借：劳务成本	19 000
贷：银行存款	19 000

（3）确认劳务完成程度

按实际发生的成本占估计总成本的比例确定劳务完成程度=60 000÷（60 000+90 000）=40%

（4）根据劳务完成程度确认2018年度的劳务收入为80 000元，相关的成本为60 000元（前面已算）。

2018年的劳务收入=200 000×40%=80 000

2018年的劳务成本=（60 000+90 000）×40%=60 000

其会计分录如下。

① 确认2018年收入

借：预收账款　　　　　　　　　　　　　　80 000
　　贷：主营业务收入　　　　　　　　　　　　　80 000

② 结转2018年劳务成本

借：主营业务成本　　　　　　　　　　　　60 000
　　贷：劳务成本　　　　　　　　　　　　　　　60 000

【实例6-40】

接实例6-39（2018年的账务处理）

（1）支付2018年发生的安装成本。其会计分录如下。

① 借：劳务成本　　　　　　　　　　　　　65 000
　　　贷：应付职工薪酬　　　　　　　　　　　　65 000

② 借：劳务成本　　　　　　　　　　　　　 2 000
　　　贷：原材料　　　　　　　　　　　　　　　 2 000

③ 借：劳务成本　　　　　　　　　　　　　25 000
　　　贷：银行存款　　　　　　　　　　　　　　25 000

（2）确认该公司2018年度的劳务收入120 000元，相关的成本为92 000元（前面已算）。

① 借：预收账款　　　　　　　　　　　　 120 000
　　　贷：主营业务收入　　　　　　　　　　　 120 000

② 借：主营业务成本　　　　　　　　　　　92 000
　　　贷：劳务成本　　　　　　　　　　　　　　92 000

（3）收取其余50%的劳务价款。其会计分录如下。

借：银行存款　　　　　　　　　　　　　 100 000
　　贷：预收账款　　　　　　　　　　　　　　 100 000

6.6.7.2 劳务收入交易结果不能够可靠地计量

在资产负债表日,如果提供劳务交易的结果不能可靠地估计,企业应当根据资产负债表日已经收回或预计将要收回的款项对已经发生劳务成本的补偿程度,分别以下情况进行会计处理。

(1) 如果已经发生的劳务成本预计能够得到补偿,应当按照已经发生的劳务成本金额确认提供劳务收入,并按相同金额结转劳务成本。

(2) 如果已经发生的劳务成本预计不能得到补偿,应当将已经发生的劳务成本计入当期损益,不确认提供劳务收入。

6.6.8 让渡资产使用权收入核算

企业通过让渡资产使用权而取得的收入,如投资收益。

6.6.8.1 收入项目

企业并不转移资产的所有权,而只让渡其使用权而取得的收入,主要包括图6-7所示两项。

图6-7 让渡资产的种类

6.6.8.2 让渡资产使用权收入的确认

应当在以下条件均能满足时予以确认。

(1) 相关的经济利益很可能流入企业。

(2) 收入的金额能够可靠地计量。

6.6.8.3 让渡资产使用权收入的计量

让渡资产使用权收入应按下列方法分别予以计量。

(1) 利息收入,应按让渡现金使用权的时间和适用利率计算确定。

(2) 使用费收入,应按有关合同或协议规定的收费时间和方法计算确定。

6.7 成本核算

成本核算就是将企业生产经营过程中所发生的费用，按照一定的对象进行归集和分配，并按各种构成项目计算各对象的总成本和单位成本。

6.7.1 成本核算的过程

企业在进行成本核算时，一般按图6-8所示的程序进行。

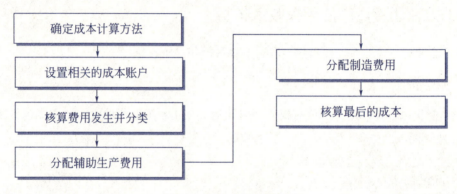

图6-8 产品成本核算程序

6.7.1.1 确定成本核算方法

开展成本计算之前，必须确定具体的计算方法。常见成本计算方法的适用及实施要点如表6-22所示。

表6-22 常见成本计算方法

方法	适用范围	实施要点
品种法	大批量单步骤生产的企业，如发电、采掘等	（1）按品种设置成本明细账、制造费用明细账 （2）分栏设置成本、费用的科目
分批法	单件和小批的多步骤生产，如重型机械、船舶、精密工具、仪器等制造企业	（1）采用分批法，以产品的生产周期（从生产到完工的整个周期）作为成本计算期，一般不需要在完工产品和在制品之间分配 （2）企业会计人员在做账时，要按不同的批次产品设置产品生产成本和辅助生产成本明细账，并按成本项目分别设栏。按照不同的车间设置各种相关费用明细账

续表

方法	适用范围	实施要点
分步法	连续、大量、多步骤生产的企业，如冶金、机械、纺织、造纸等企业	（1）采用分步法，要按步骤和产品品种设置产品成本明细账目，分别成本项目归集生产费用 （2）在计算成本时通常按照月份计算，而且还要把生产费用在完工产品、在制品和半成品之间进行分配

6.7.1.2 设置相关的成本账户

为了计算产品的成本，必须要设置好相关的科目，具体如图6-9所示。

成本科目：需要设置一个专门的科目，即"生产成本"科目。其借方汇集为生产产品而发生的各种费用，贷方反映产品完工转出的制造成本

费用科目：由于企业一般都是生产多种产品，因此，直接费用可以直接计入产品成本，而间接费用要先汇总再分配摊入各核算对象。因此，对于费用要设置"制造费用"科目

支出科目：生产中发生的支出不一定就要计入生产成本，支出的期间与成本计算期间可能不一致。支出发生后有两种情况：
（1）生产中发生的费用在本期发挥出全部效益，效益不递延到下期。这种情况应把费用直接记入"生产成本"或"制造费用"科目
（2）本期发生的费用支出不应由本期负担。这种情况应利用"长期待摊费用"等科目分摊

图6-9 成本账户

温馨提示

如果企业生产中容易出现废品和停工，就需要设置"废品损失"和"停工损失"科目，把这些损失汇集到"废品损失"和"停工损失"科目的借方，然后在其贷方做出恰当的处理并转出。如果是正常损失，应分配进入产品成本，否则应转入管理费用或营业外支出。

6.7.1.3 核算费用并分类

成本计算的过程是一个费用的汇集和分配（摊）的过程，因此必须要核算费用发生并按用途分类，如图6-10所示。

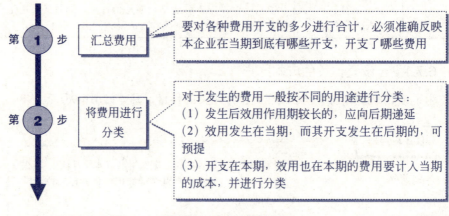

图6-10 成本计算的过程

6.7.1.4 分配辅助生产费用

"生产成本"总账下有以下两个明细科目。

（1）基本生产。用于核算产品的生产成本。

（2）辅助生产。用于核算为生产产品服务的有关生产部门的成本。

辅助生产也是一种生产活动，它为基本生产活动提供必要的产品和劳务，也要消耗各种生产费用，同样要计算产品成本。辅助生产成本的计算需要设置"辅助生产"明细科目，其借方汇集发生的各种费用，其贷方计算辅助生产车间完工的产成品成本，同时转入基本生产明细账。

> **温馨提示**
>
> 辅助生产明细科目由于在期末要转入基本生产明细账，因此一般没有余额。

6.7.1.5 分配制造费用

产品成本由直接材料、直接人工和制造费用三部分组成，其中发生的直接材料和直接人工是属于直接费用，直接记入"生产成本"科目，发生的制造费用是间接费用，不直接记入"生产成本"科目，而是先在"制造费用"科目中汇集，然后再分配记入"生产成本"科目。

6.7.1.6 核算最后的成本

通过上述步骤,要将本期发生的全部成本进行核算,具体计算公式为:

期初余额+本期发生的全部生产成本=期末在制品成本+产成品成本
产成品成本=期初余额+本期发生的全部生产成本−期末在制品成本

产成品成本计算出来后,还要用产成品总成本除以总产量,求得单位成本,这样产品成本核算才全部结束。

如果企业没有在制品,则产成品成本就是生产成本账户的期初余额加上本期发生的全部生产成本的总额。

6.7.2 主营业务成本核算

主营业务成本是指公司生产和销售与主营业务有关的产品或服务所必须投入的直接成本。主营业务成本核算的会计处理原理如表6-23所示。

表6-23 主营业务成本核算的会计处理原理

类别	业务内容		会计处理
1	月份终了,计算结转本月销售商品的成本(也可以在销售时同步结转)		借:主营业务成本 贷:库存商品
2	分期收款销售商品,计算应结转的成本		借:主营业务成本 (实现销售时,按总成本结转) 贷:库存商品
3	本月销售的商品退回		借:库存商品 贷:主营业务成本
4	结转代销商品成本	采用进价核算的	借:主营业务成本(按进价) 贷:受托代销商品 同时,还应按进价做如下会计分录 借:代销商品款 贷:应付账款
		采用售价核算的	借:主营业务成本(按进价) 贷:委托代销商品 同时,还应按进价做如下会计分录 借:代销商品款 贷:应付账款

6.7.3 税金及附加核算

该科目核算企业经营活动发生的消费税、城市维护建设税、资源税、教育费附加及房产税、土地使用税、车船使用税、印花税等相关税费。

在会计分录上的处理就是把当期应交的税金及其他附加税费都转入"税金及附加"这个科目。

借：税金及附加
　　贷：应交税费——应交消费税
　　　　应交税费——应交城市维护建设税
　　　　应交税费——应交教育费附加等

然后在月末结转的时候将"税金及附加"科目中的金额转入"本年利润"科目的借方。"税金及附加"科目月末无余额。

税金及附加核算原理如表6-24所示。

表6-24　税金及附加核算原理

序号	业务内容	会计处理
1	计算应由主营业务负担的税金及附加，如消费税、城市维护建设税、资源税、土地增值税及教育费附加等	借：税金及附加 贷：应交税费
2	收到因多计等原因退回的原计入本科目的各种税金	借：银行存款 贷：税金及附加

6.7.4 其他业务成本核算

其他业务成本为核算企业除主营业务活动以外的其他经营活动所发生的成本。包括：销售材料成本、出租固定资产折旧额、出租无形资产摊销额、出租包装物成本或摊销额。其他业务成本核算原理如表6-25所示。

表6-25　其他业务成本核算原理

序号	业务内容		会计处理
1	月份终了，结转销售原材料的实际成本		借：其他业务成本 贷：原材料
2	包装物	结转出租包装物的成本	借：其他业务成本 贷：周转材料
		出租包装物不能使用而报废时	借：原材料（按残料的价值） 贷：其他业务成本

续表

序号	业务内容	会计处理
3	发生其他业务成本	借：其他业务成本 贷：银行存款 　　应付职工薪酬 　　应交税费 　　累计折旧等

6.7.5 销售费用核算

销售费用是指企业在销售产品、自制半成品和提供劳务等过程中发生的各项费用。包括由企业负担的包装费、运输费、广告费、装卸费、保险费、委托代销手续费、展览费、租赁费（不含融资租赁费）和销售服务费、销售部门人员工资、职工福利费、差旅费、折旧费、修理费、物料消耗、低值易耗品摊销以及其他经费等。与销售有关的差旅费应计入销售费用。

销售费用核算原理如表6-26所示。

表6-26　销售费用核算原理

序号	业务内容	会计处理
1	在销售商品过程中发生的运输费、装卸费、包装费、保险费、展览费和广告费	借：销售费用 贷：库存现金 　　银行存款
2	企业发生的为销售本企业商品而专设的销售机构的职工工资、福利费、业务费等	借：销售费用 贷：银行存款 　　应付职工薪酬——工资 　　应付职工薪酬——职工福利费

6.7.6 管理费用核算

管理费用是指企业行政管理部门为管理组织经营活动而发生的各项费用，包括公司经费、职工教育经费、业务招待费、税金、技术转让费、无形资产摊销、咨询费、诉讼费、开办费摊销、上缴上级管理费、劳动保险费、失业保险费、董事会会费以及其他管理费用。

发生的各项管理费用时，企业应做如下会计分录入账。

借：管理费用
　贷：银行存款
　　　应付职工薪酬等

6.7.7 财务费用核算

财务费用是指企业在生产经营过程中为筹集资金而发生的各项费用。包括以下费用。

（1）利息支出。是指企业短期借款利息、长期借款利息、应付票据利息、票据贴现利息、应付债券利息、长期应付引进国外设备款利息等利息支出（除资本化的利息外）减去银行存款等的利息收入后的净额。

（2）汇兑损失。是指企业因向银行结售或购入外汇而产生的银行买入、卖出价与记账所采用的汇率之间的差额，以及月度（季度、年度）终了，各种外币账户的外币期末余额按照期末规定汇率折合的记账人民币金额与原账面人民币金额之间的差额等。

（3）相关的手续费。是指发行债券所需支付的手续费（需资本化的手续费除外）、开出汇票的银行手续费、调剂外汇手续费等，但不包括发行股票所支付的手续费等。

（4）其他财务费用。如融资租入固定资产发生的融资租赁费用等。

财务费用核算原理如表6-27所示。

表6-27 财务费用核算原理

类别	业务内容	会计处理
1	发生的各项财务费用	借：财务费用 　贷：银行存款
2	发生的利息支出	借：财务费用 　贷：银行存款

6.7.8 营业外支出核算

营业外支出是指企业发生的与其生产经营无直接关系的各项支出，如固定资产盘亏、处置固定资产净损失、出售无形资产损失、债务重组损失、计提的固定资产减值准备、计提的无形资产减值准备、计提的在建工程减值准备、罚款支出、捐赠支出、非常损失等。

营业外支出核算原理如表6-28所示。

表6-28 营业外支出核算原理

类别	业务内容	会计处理
1	固定资产清理发生的损失	借：营业外支出——固定资产清理净损失 　贷：固定资产清理

续表

类别	业务内容	会计处理
2	固定资产盘亏	借：营业外支出——固定资产盘亏 　贷：固定资产
3	发生的罚款支出	借：营业外支出 　贷：银行存款
4	物资发生非常损失	借：营业外支出——非常损失 　贷：库存商品、在途物资

6.7.9 所得税费用核算

所得税费用是指企业经营利润应交纳的所得税。所得税费用核算原理如表 6-29 所示。

表6-29 所得税费用核算原理

序号	业务内容	会计处理
1	计算应交所得税	借：所得税费用 　贷：应交税费——应交所得税
2	交纳所得税	借：应交税费——应交所得税 　贷：所得税费用

6.8　无形资产及其他核算

6.8.1　无形资产核算

无形资产核算的科目为"无形资产"，其借方登记无形资产的增加，贷方登记无形资产的减少。

6.8.1.1　无形资产的入账价

（1）购入的无形资产，其入账价包括买价及有关费用支出。
（2）其他单位投入的无形资产以评估价入账。
（3）自行开发的无形资产以开发过程中的实际成本入账。
新规定：研究阶段的支出计入当期损益（管理费用）；开发阶段的支出先归

集，再资本化（无形资产）；无法区分的计入当期损益（管理费用）。

（4）捐赠的无形资产以评估价或市价入账。

6.8.1.2 无形资产摊销期限的确定

（1）法律和合同中分别规定有有效期限和受益年限的，按孰短原则处理。

（2）法律未规定，合同有规定的，按规定的受益年限处理。

（3）法律有规定，合同未规定的，按规定的有效年限处理。

（4）法律和合同均未规定的，不予摊销。

（5）当月增加的当月摊销。

> **温馨提示**
>
> 无形资产摊销期限有以下新规定。
> （1）摊销方法除可以用直线法外，还可以用年数总和法。
> （2）一般无形资产摊销计入管理费用，出租的无形资产计入其他业务成本，产品生产专用的无形资产计入制造费用。
> （3）摊销时不直接冲减无形资产，计入累计摊销。

6.8.1.3 无形资产的账务处理

无形资产业务的账务处理如表6-30所示。

表6-30 无形资产业务的账务处理

业务内容		账务处理
无形资产增加	购入无形资产	借：无形资产（实际支出） 贷：银行存款（实际支出）
	投资者投入的无形资产	借：无形资产（按投资各方确认的价值） 贷：实收资本等
	自创无形资产 开发期间发生资本化的费用	借：研发支出（实际支出） 贷：原材料等（实际支出） 成功后，申请专利的会计分录如下 借：无形资产（实际支出） 贷：研发支出（实际支出） 不成功的会计分录如下 借：管理费用（实际支出） 贷：研发支出（实际支出）
	开发期间发生费用化的费用	借：管理费用（实际支出） 贷：原材料等（实际支出）

续表

业务内容		账务处理
无形资产摊销		借：管理费用等（摊销额） 贷：累计摊销（摊销额）

无形资产转让	无形资产所有权转让	（1）取得收入
		借：银行存款（实际金额）
		    贷：其他业务收入（实际金额）
		（2）结转成本
		借：累计摊销账（面值）
		    其他业务成本
		    贷：无形资产账（面值）
		（3）计算税金
		借：其他业务成本
		    贷：应交税费

无形资产转让	无形资产使用权转让	（1）取得收入
		借：银行存款（实际金额）
		    贷：其他业务收入（实际金额）
		（2）结转成本
		借：其他业务成本（实际金额）
		    贷：银行存款等（实际金额）

出租无形资产取得的租金收入		借：银行存款等
		    贷：其他业务收入
		结转出租无形资产的成本、税金分录如下
		借：其他业务成本
		    贷：无形资产
		        应交税费——应交营业税

6.8.2 其他资产业务核算

6.8.2.1 有哪些其他资产

（1）长期待摊费用是指摊销期在1年以上的资本性支出，包括：大修理支出、开办费、经营性租入固定资产改良支出等。

长期待摊费用核算的科目为"长期待摊费用"，其借方登记长期待摊费用的增加，贷方登记长期待摊费用的减少。

（2）企业筹建期间发生的与固定资产有关的费用支出不应计入开办费，应计入固定资产成本；开办费从开始经营月份的当月起，一次计入开始生产经营当月的损益。

（3）经营性租入固定资产改良支出应在租赁期内平均摊销。

大修理支出应在下一次大修理之间平均摊销。

6.8.2.2 长期待摊费用

长期待摊费用业务的账务处理原理如表6-31所示。

表6-31 长期待摊费用业务的账务处理原理

序号	业务内容	会计处理
1	企业发生的长期待摊费用	借：长期待摊费用（实际支出） 贷：应付职工薪酬等（实际支出）
2	摊销长期待摊费用	借：销售费用 管理费用等（摊销额） 贷：长期待摊费用（摊销额）

6.9 所有者权益核算

所有者权益是指所有者在企业资产中享有的经济利益。从数量上看，所有者权益=资产−负债，也就是企业的净资产。所有者权益的构成如图6-11所示。

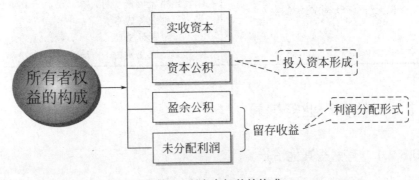

图6-11 所有者权益的构成

6.9.1 实收资本核算

实收资本是指企业投资者在企业注册资本的范围内实际投入的资本。

6.9.1.1 账户设置

企业要建立"实收资本"总账，并分别设置各种明细科目，如图6-12所示。

实收资本——××投资者	
实收资本的减少数额	实收资本的增加数额
	期末实有数额

图6-12 "实收资本"科目

6.9.1.2 账务处理

（1）实收资本增加的核算。如果实收资本是现金，则以实际收到的或者存入企业开户银行的金额，借记"银行存款"科目，按投资者应享有企业注册资本的份额计算的金额，贷记"实收资本"科目，按其差额，贷记"资本公积——资本溢价"科目。如果以非现金资产投入的资本，应按投资各方确认的价值，借记有关资产科目，按投资者应享有企业注册资本的份额计算的金额，贷记"实收资本"科目，按其差额，贷记"资本公积——资本溢价"科目。如表6-32所示。

表6-32 实收资本增加的核算原理

类别	业务内容	会计处理
企业收到投资者投入的资本	收到现金投资时	借：银行存款等（实收数） 贷：实收资本/股本——××投资者（在注册资本中所享份额） 贷：资本公积——资本（股本）溢价（差额）
	收到外币投资时	借：银行存款等（外币×当日市场汇率） 借或贷：资本公积——外币资本折算差额（差额） 贷：实收资本——××投资者（外币×合同约定汇率或当日市场汇率）
	接受非现金资产投资	借：原材料 应交税费——应交增值税（进项税额） 贷：实收资本 资本公积——资本溢价
	接受固定资产投资	借：固定资产 贷：实收资本——××投资者 资本公积——资本溢价
	接受无形资产投资	借：无形资产 贷：实收资本
企业用公积金或未分配利润增加资本		借：资本公积/盈余公积/利润分配——未分配利润等 贷：实收资本

(2)实收资本减资。企业通常不得任意减少实收资本,但在某些特殊情况下,可按法定程序减少已登记注册的实收资本,如资本过剩、发生重大亏损等。企业按照法定程序报经批准减少注册资本的,借记"实收资本"科目,贷记"库存现金""银行存款"等科目。

实收资本减资的核算原理总结如表6-33所示。

表6-33 实收资本减资的核算原理

序号	业务内容	会计处理
1	因资本过剩而减少实收资本时	借:实收资本 　　贷:银行存款等
2	因发生重大亏损而用实收资本来弥补时	借:实收资本 　　贷:利润分配——未分配利润

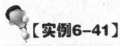

A企业注册资本为100 000元。该企业收到B投入的现金100 000元,并全部存入开户银行。投资者C投入设备一台,设备双方确认的价值为200 000元,B在该企业注册资本的份额为150 000元。

根据上述业务该企业应编制会计分录如下。

借:银行存款　　　　　　　　　　　　　　　100 000
　　固定资产　　　　　　　　　　　　　　　200 000
　　贷:实收资本——投资者A　　　　　　　100 000
　　　　　　　　——投资者B　　　　　　　150 000
　　　　资本公积——资本溢价　　　　　　　5 000

6.9.2 资本公积核算

资本公积是指企业在经营过程中由于接受捐赠、股本溢价以及法定财产重估增值等原因所形成的公积。资本公积是与企业收益无关而与资本相关的贷项。

6.9.2.1 账户的设置

企业应设立"资本公积"科目,如图6-13所示。

	资本公积——资本溢价等
资本公积的运用或减少数额	资本公积的来源或增加数额
	期末实有数额

图6-13 "资本公积"科目

6.9.2.2 账务处理

（1）资本溢价的核算。资本溢价是指投资者投入的资金超过其在注册资本中所占份额的部分，通过"资本公积——资本溢价"科目核算。

① 补偿企业未确认的自创商誉。

【实例6-42】

某企业于某年创建，创建时有三个投资者均投入200 000元。企业开业三年，这三个投资者没有分到利润，但第四年企业开始转机。这一年，又有一个投资者投入资金。如果四个投资者要均等分配税后利润时，则第四个投资者不仅要投入200 000元作企业"实收资本"，还要考虑投资质量而增加50 000元（投资者之间协议确定），这50 000元作"资本公积"处理，属于四个投资者的共同权益。

② 补偿原投资者资本增值中享有的权益。

【实例6-43】

依实例6-42，第四个投资者向企业投资时，该企业"实收资本"科目余额600 000元，而"资本公积""盈余公积"和"未分配利润"科目余额120 000元。这120 000元是原投资者投入资本的增值，属于原三个投资者的权益。这时，第四个投资者新注入资金时，不仅要拿出200 000元作"实收资本"处理，还要再拿出40 000元（12÷3）作为"资本公积"，这样才能和原投资者获得均等分享资本增值收益的权利。

综合上述两个原因，企业收到第四个投资者投入的290 000元时应做如下会计分录。

借：银行存款　　　　　　　　　　　　　　　　　290 000
　　贷：实收资本　　　　　　　　　　　　　　　　200 000
　　　　资本公积——资本溢价　　　　　　　　　　 90 000

（2）股票溢价。企业发行股票收到现金资产时，借记"银行存款"等科目，按每股股票面值和发行股份总额的乘积计算的金额，贷记"股本"科目，实际收到的金额与该股本之间的差额，贷记"资本公积——股本溢价"科目。

> **温馨提示**
>
> 企业发行股票发生的手续费等交易费用，如果溢价发行股票的，应从溢价中抵扣，冲减资本公积（股本溢价）。无溢价发行股票或溢价金额不足以抵扣的，应将不足抵扣的部分冲减盈余公积和未分配利润。

【实例6-44】

A股份有限公司首次公开发行了普通股50 000 000股，每股面值1元，每股发行价格为4元。A公司以银行存款支付发行手续费、咨询费等费用共计6 000 000元。假设发行收入已全部收到，发行费用已全部支付，不考虑其他因素，A公司的会计处理如下。

（1）收到发行收入时。其会计分录如下。

借：银行存款　　　　　　　　　　　　　　　　　200 000 000
　　贷：股本　　　　　　　　　　　　　　　　　　50 000 000
　　　　资本公积——股本溢价　　　　　　　　　150 000 000

应增加的资本公积=50 000 000×（4-1）=150 000 000（元）

（2）支付发行费用时。其会计分录如下。

借：资本公积——股本溢价　　　　　　　　　　　　6 000 000
　　贷：银行存款　　　　　　　　　　　　　　　　　6 000 000

（3）接受捐赠。企业接受捐赠的非现金资产，按确定的价值，借记有关科目，贷记"资本公积——接受捐赠非现金资产准备"科目；企业接受的现金捐赠转入资本公积的金额，借记"银行存款"科目，贷记"资本公积——接受现金捐赠"科目。年度终了，企业根据年终清算的结果，按接受捐赠的现金原计算的应交所得税与实际应交所得税的差额，借记"应交税费——应交所得税"科目，贷记"资本公积——接受现金捐赠"科目。具体处理要点如表6-34所示。

表6-34　接受捐赠的处理要点

序号	业务内容	会计处理
1	接受现金捐赠时	借：银行存款 　　贷：待转资产价值——接受捐赠货币性资产价值

续表

序号	业务内容	会计处理
2	接受捐赠非现金资产——原材料、固定资产等时	借：原材料 　　应交税费——应交增值税（进项税额） 　　固定资产等 贷：待转资产价值——接受捐赠非货币性资产价值
3	期末，全部或分期结转待转资产价值时	借：待转资产价值——接受捐赠货币性资产价值 　　待转资产价值——接受捐赠非货币性资产价值 贷：应交税费——应交所得税 　　资本公积——其他资本公积 　　资本公积——接受捐赠非现金资产准备

（4）股权投资准备。采用权益法核算长期股权投资时，应按表6-35所示的原理来进行核算。

表6-35　股权投资准备的核算原理

序号	业务内容	会计处理
1	当被投资企业接受捐赠、增资扩股等原因增加资本公积时	借：长期股权投资（按投资方应享有的份额） 贷：资本公积——股权投资准备
2	当投资方处置所持股权时	借：资本公积——股权投资准备 贷：资本公积——其他资本公积

（5）外币资本折算差额。关于外币资本折算差额的核算通过以下实例来了解。

【实例6-45】

中外合资创办一个科技开发公司，其注册资本1 600 000元人民币或250 000美元。合同规定，中方（国家）出资50%，外方（美方）出资50%。该项目有可能出现以下情况。

（1）按合同约定美元汇率1∶6.4记账。中方出资800 000元人民币，美方出资128 125美元（收到美元时汇率为1∶8.2）。该合资企业收到出资额时应做以下会计分录。

　　借：银行存款——人民币户　　　　　　　　　　800 000
　　　　银行存款——美元户（$10×8.2）　　　　　820 000
　　　贷：实收资本——国家资本　　　　　　　　　800 000
　　　　　实收资本——外商资本（$10×8）　　　　800 000
　　　　　资本公积——外币资本折算差额　　　　　 20 000

（2）若合同没有约定汇率，而按出资日美元汇率1：6.4记账，中方出资800 000元人民币，美方出资125 000美元（800 000÷6.4）。其会计分录如下。

借：银行存款——人民币户　　　　　　　　　　　800 000
　　银行存款——美元户（125 000美元×6.4）　　800 000
　　贷：实收资本——国家资本　　　　　　　　　800 000
　　　　实收资本——外商资本（125 000美元×6.4）800 000

（6）豁免债务。企业在债务重组过程中，债务方对于豁免的债务（包括非现金资产抵债所减让的债务）。其会计分录如下。

借：应付账款/其他应付款/短期借款/长期借款等
　　贷：资本公积——其他资本公积

（7）资本公积转增资本的核算。经股东大会决议，用资本公积转增资本时，应冲减资本公积。发生此项业务时应做会计分录如下。

借：资本公积（按转增的金额）
　　贷：实收资本（按转增的金额）

（8）资本公积减少的核算。资本公积减少主要用于转增资本，在发生此项业务时应做会计分录如下。

借：资本公积
　　贷：实收资本——×××
　　　　实收资本——×××等

注：凡带有准备的资本公积不得直接用于转增资本。

6.9.3　盈余公积核算

盈余公积是指公司按照规定从净利润中提取的各种公积，包括法定盈余公积和任意盈余公积。在进行盈余公积核算时，应设置"盈余公积"的总账和"法定盈余公积""任意盈余公积"等明细账。具体的核算如表6-36所示。

表6-36　盈余公积核算

类别	业务内容	会计处理
提取盈余公积	按10%的比例提取法定盈余公积	借：利润分配——提取法定盈余公积 　　贷：盈余公积——法定盈余公积
	按自定比例提取任意盈余公积	借：利润分配——提取任意盈余公积 　　贷：盈余公积——任意盈余公积

续表

类别	业务内容	会计处理
使用盈余公积	用法定或任意盈余公积转增资本	借：盈余公积——法定盈余公积 　　盈余公积——任意盈余公积 贷：实收资本——××投资者
	用法定或任意盈余公积分配股利或利润	借：盈余公积——法定盈余公积 　　盈余公积——任意盈余公积 贷：应付利润——××投资者

6.9.4 未分配利润核算

未分配利润是指实现的净利润经分配后留存在企业的、历年结存的利润，如图6-14所示。

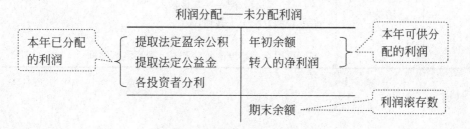

图6-14 未分配利润图示

6.9.4.1 未分配利润的账务处理

未分配利润的账务处理只能在年末进行，核算原理如表6-37所示。

表6-37 未分配利润的核算原理

序号	业务内容	会计处理
1	年末结转本年实现的净利润	借：本年利润 贷：利润分配——未分配利润
2	结转本年已分配的利润	借：利润分配——未分配利润 贷：利润分配——提取法定盈余公积 　　利润分配——提取任意盈余公积 　　利润分配——应付利润

6.9.4.2 企业发生的亏损核算

企业发生的亏损核算分两种情况，如表6-38所示。

表6-38 企业发生的亏损核算

序号	情况	核算要求
1	若以前年度发生亏损，本年盈利	（1）先用本年税前利润弥补（连续5年），可在账内自动弥补，不需单做账务处理 （2）5年后再用税后利润弥补，可在账内自动弥补，不需单做账务处理 （3）再用盈余公积/资本公积/实收资本等弥补 　借：盈余公积/资本公积/实收资本等 　　贷：利润分配——其他转入 　借：利润分配——其他转入 　　贷：利润分配——未分配利润
2	若本年度发生亏损，以前年度盈利	（1）先用以前年度的未分配利润弥补，可在账内自动弥补，不需单做账务处理 （2）再用以前年度的盈余公积/资本公积/实收资本等弥补 　借：盈余公积/资本公积/实收资本等 　　贷：利润分配——其他转入 　借：利润分配——其他转入 　　贷：利润分配——未分配利润 （3）再用以后年度的税前利润或税后利润弥补

6.10 利润核算

6.10.1 本年利润核算

本年利润是指企业某个会计年度净利润（或净亏损），它是由企业利润组成内容计算确定的，是企业从公历年1月份至12月份逐步累计而形成的一个动态指标。

6.10.1.1 利润总额和净利润的计算

利润总额（或亏损总额）=营业利润+投资净收益+营业外收入−营业外支出

净利润=利润总额−所得税费用

营业利润是企业生产经营过程中实现的利润，是企业利润总额的主要组成部分。

营业利润=营业收入−营业成本−税金及附加−销售费用−管理费用−财务费用

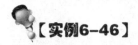

【实例6-46】

月末,某企业有关损益类科目结账前余额如下表所示。

某企业损益类科目结账表

主营业务收入	280 000	主营业务成本	120 000
其他业务收入	6 000	税金及附加	5 200
投资收益	2 200	其他业务成本	4 200
营业外收入	1 800	管理费用	12 600
		财务费用	3 600
		销售费用	6 300
		所得税费用	45 342

则:营业利润=280 000+6 000−120 000−4 200−5 200−12 600−3 600−6 300
=134 100(元)

利润总额=134 100+2 200+1 800=138 100(元)

净利润=138 100−45 342=92 758(元)

6.10.1.2 利润结转的账务处理

"本年利润"是一个汇总类科目。其贷方登记企业当期所实现的各项收入,包括主营业务收入、其他业务收入、投资收益、营业外收入等;借方登记企业当期所发生的各项费用与支出,包括主营业务成本、税金及附加、其他业务成本、销售费用、管理费用、财务费用、投资收益(净损失)、营业外支出、所得税费用等。借贷方发生额相抵后,若为贷方余额则表示企业本期经营活动实现的净利润,若为借方余额则表示企业本期发生的亏损,如图6-15所示。

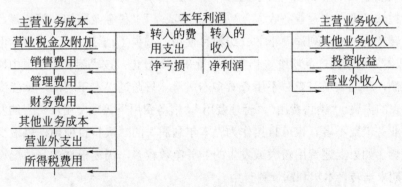

图6-15 "本年利润"科目借贷双方示意图

（1）本年利润的核算要求

① 企业期（月）末结转利润时，应将各损益类科目的金额转入"本年利润"科目，结平各损益类科目。结转后本科目的贷方余额为当期实现的净利润；借方余额为当期发生的净亏损，如图6-16所示。

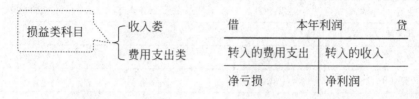

图6-16 "本年利润"科目借贷示意

结转所得税费用分录如下。

借：所得税费用
　　贷：应交税费——应交所得税

② 年度终了，应将本年收入和支出相抵后结出的本年实现的净利润，转入"利润分配"科目，借记本科目，贷记"利润分配——未分配利润"科目；如为净亏损做相反的会计分录。结转后本科目应无余额。

"本年利润"科目的余额表示年度内累计实现的净利润或净亏损，该科目平时不结转，年终一次性地转至"利润分配——未分配利润"科目，借记"本年利润"科目，贷记"利润分配——未分配利润"科目。如为亏损则做相反分录。年终利润分配各明细账只有未分配利润有余额，需将其他明细账转平，借记"利润分配——未分配利润"科目，贷记"利润分配——提取盈余公积、向投资者分配利润等"科目。至此，所有结转分录可以画上一个圆满的句号。

（2）"本年利润"科目的设置。为了使"本年利润"科目能准确、及时地提供当期利润额又不增加编制分录的工作量，企业在实际工作中"本年利润"账页采用多栏式。把"主营业务收入""主营业务成本""税金及附加"等科目，由一级科目转变为"本年利润"下的二级科目使用，减少了结转时的工作量。但"收入""成本"下设的产品明细账仍需按数量和金额登记。按"附表"账页中期末结出发生额，在编制损益表时不用查看多本账簿，只通过"本年利润"就能满足编制利润表的需要。"销售费用""管理费用""财务费用"等项费用，每月的发生额不大或业务笔数不多，也可直接作为"本年利润"的二级科目使用，以减少结转的工作量。如果上述费用较大或发生的业务笔数较多，仍需根据实际情况设置明细账，期末结转"本年利润"科目中。

（3）本年利润的核算步骤。本年利润的核算要分四步进行，如图6-17所示。

图6-17 本年利润的核算步骤

本年利润的核算步骤及会计处理说明如表6-39所示。

表6-39 本年利润的核算步骤及会计处理说明

序号	步骤	具体说明		会计处理
1	结转各种收入	期末结转利润时，应将"主营业务收入""其他业务收入""营业外收入"等科目的余额转入"本年利润"科目		借：主营业务收入 其他业务收入 营业外收入 贷：本年利润
2	结转成本、费用、税金等	将"主营业务成本""管理费用""财务费用""税金及附加""营业外支出"等科目的期末余额转入"本年利润"科目		借：本年利润 贷：主营业务成本 税金及附加 其他业务成本 销售费用 管理费用 财务费用 营业外支出
3	结转投资收益（损失）	结转投资收益	将投资收益科目的净收益转入"本年利润"科目	借：投资收益 贷：本年利润
		结转投资损失	将投资收益账户的净损失转入"本年利润"科目	借：本年利润 贷：投资收益
4	转入"利润分配"	年度终了，将本年的收入和支出相抵后结出的本年实现的净利润全部转入"利润分配"科目。结转后的"本年利润"科目没有余额		借：本年利润 贷：利润分配——未分配利润

【实例6-47】

12月31日，将损益类中有关收入类科目的余额转入"本年利润"科目，其中主营业务收入170 000元，其他业务收入20 000元，营业外收入50 000元，投资收益15 000元，如下图所示。

借：主营业务收入　　　　　　　　　　　　170 000
　　其他业务收入　　　　　　　　　　　　 20 000

营业外收入　　　　　　　　　　　　　　50 000
　　　投资收益　　　　　　　　　　　　　　　15 000
　　　　贷：本年利润　　　　　　　　　　　　　　255 000

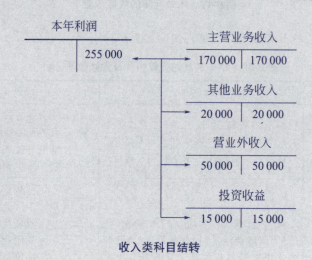

收入类科目结转

【实例6-48】

12月31日，将有关损益类成本费用科目的余额转入"本年利润"科目，其中，主营业务成本106 000元，税金及附加935元，销售费用3 000元，管理费用19 365元，财务费用700元，其他业务成本10 000元、营业外支出25 000元，如下图所示。

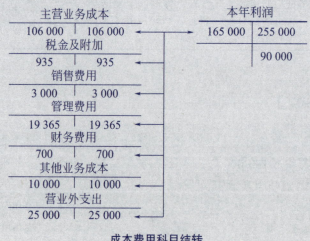

成本费用科目结转

```
借：本年利润                                    165 000
    贷：主营业务成本                             106 000
        税金及附加                                   935
        销售费用                                   3 000
        管理费用                                  19 365
        财务费用                                     700
        其他业务成本                              10 000
        营业外支出                                25 000
```

企业实现利润总额90 000元（255 000-165 000），按25%的税率计算和结转应交所得税费用22 500元（90 000×25%）。其会计分录如下。

```
借：所得税费用                                   22 500
    贷：应交税费——应交所得税                      22 500
```

接下来将"所得税费用"科目余额结转"本年利润"科目。其会计分录如下。

```
借：本年利润                                     22 500
    贷：所得税费用                                22 500
```

6.10.2 利润分配核算

6.10.2.1 利润分配顺序

利润分配要根据相关法规规定的顺序进行。

（1）被没收的财务损失、支付各项税收的滞纳金和罚款。

（2）弥补企业以前年度亏损。即弥补超过用所得税的利润抵补期限，按规定用税后利润弥补的亏损。

（3）提取法定盈余公积。即按税后利润扣除前两项后的10%提取法定盈余公积。盈余公积已达注册资金的50%时可不再提取。

（4）向投资者分配利润。

6.10.2.2 利润分配的核算要点

利润分配的核算要点如表6-40所示。

表6-40 利润分配的核算要点

序号	业务内容	会计处理
1	在计算分配给股东的股息或利息时	借：利润分配——应付优先股股息 　　利润分配——应付普通股股息 贷：应付股利
2	根据股东大会的决议，批准调整增加的利润分配时	借：利润分配——未分配利润 贷：盈余公积
3	根据股东大会的决议，批准调整减少的利润分配时	借：盈余公积 贷：利润分配——未分配利润
4	分配股利或转增资本	借：利润分配——转增资本的股利 贷：实收资本 　　资本公积——股本溢价

年度终了，除了"未分配利润"明细账外，利润分配中的其他明细科目应该都没有余额。

【实例6-49】

接实例6-48，将"本年利润"科目余额67 500元（90 000–22 500）转入"利润分配"科目所属的"未分配利润"明细分类科目的贷方。其会计分录如下。

借：本年利润　　　　　　　　　　　　　　　　67 500
　　贷：利润分配——未分配利润　　　　　　　　　　67 500

按税后净利润67 500元的10%提取盈余公积。其会计分录如下。

借：利润分配——提取盈余公积　　　　　　　　6 750
　　贷：盈余公积　　　　　　　　　　　　　　　　　6 750

期末企业计算应向投资者分配利润15 000元。其会计分录如下。

借：利润分配——应付利润　　　　　　　　　　15 000
　　贷：应付利润　　　　　　　　　　　　　　　　15 000

年终决算时，将"利润分配"科目所属的各明细分类科目的借方分配合计数21 750元（其中：提取盈余公积6 750元，应付利润15 000元）结转到"利润分配"科目所属的"未分配利润"明细分类科目的借方。其会计分录如下。

借：利润分配——未分配利润　　　　　　　　　21 750
　　贷：利润分配——提取盈余公积　　　　　　　　　6 750
　　　　利润分配——应付利润　　　　　　　　　　15 000

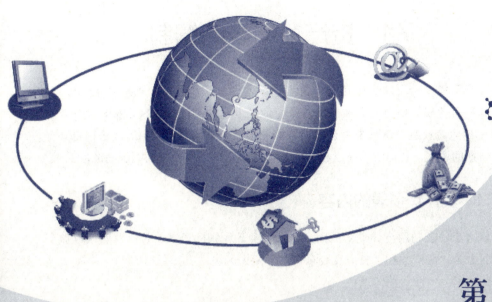

第7章 财务报表编制

7.1 资产负债表的编制

7.2 利润表

7.3 现金流量表

7.4 所有者权益变动表

7.5 关于附注

7.1 资产负债表的编制

资产负债表是反映企业在某一特定日期（如月末、季末、年末）全部资产、负债和所有者权益情况的会计报表，是企业经营活动的静态体现，根据"资产＝负债＋所有者权益"这一平衡公式，依照一定的分类标准和一定的次序，将某一特定日期的资产、负债、所有者权益的具体项目予以适当的排列编制而成。

7.1.1 资产负债表的内容

资产负债表利用会计平衡原则，将合乎会计原则的资产、负债、股东权益交易科目分为"资产"和"负债及股东权益"两大区块。

7.1.1.1 资产类项目

资产负债表中的资产类至少应当单独列示反映下列信息的项目。
（1）货币资金。
（2）以公允价值计量且其变动计入当期损益的金融资产。
（3）应收款项。
（4）预付款项。
（5）存货。
（6）被划分为持有待售的非流动资产及被划分为持有待售的处置组中的资产。
（7）可供出售金融资产。
（8）持有至到期投资。
（9）长期股权投资。
（10）投资性房地产。
（11）固定资产。
（12）生物资产。
（13）无形资产。
（14）递延所得税资产。

资产负债表中的资产类至少应当包括流动资产和非流动资产的合计项目，按照企业的经营性质不切实可行的除外。

7.1.1.2 负债类项目

资产负债表中的负债类至少应当单独列示反映下列信息的项目。

（1）短期借款。
（2）以公允价值计量且其变动计入当期损益的金融负债。
（3）应付款项。
（4）预收款项。
（5）应付职工薪酬。
（6）应交税费。
（7）被划分为持有待售的处置组中的负债。
（8）长期借款。
（9）应付债券。
（10）长期应付款。
（11）预计负债。
（12）递延所得税负债。

资产负债表中的负债类至少应当包括流动负债、非流动负债和负债的合计项目，按照企业的经营性质不切实可行的除外。

7.1.1.3 所有者权益类项目

资产负债表中的所有者权益类至少应当单独列示反映下列信息的项目。
（1）实收资本（或股本，下同）。
（2）资本公积。
（3）盈余公积。
（4）未分配利润。

在合并资产负债表中，应当在所有者权益类单独列示少数股东权益。
资产负债表中的所有者权益类应当包括所有者权益的合计项目。

资产负债表应当列示资产总计项目、负债和所有者权益总计项目。

7.1.2 资产负债表的结构

资产负债表一般有表首、正表两部分。其中，表首概括地说明报表名称、编制单位、编制日期、报表编号、货币名称、计量单位等。正表是资产负债表的主体，列示了用以说明企业财务状况的各个项目。具体如表7-1所示。

表7-1 资产负债表

会企01表

编制单位： 年 月 日 单位：元

资产	期末余额	年初余额	负债和所有者权益（或股东权益）	期末余额	年初余额
流动资产：			流动负债：		
货币资金			短期借款		
以公允价值计量且其变动计入当期损益的金融资产			以公允价值计量且其变动计入当期损益的金融负债		
衍生金融资产			衍生金融负债		
应收票据			应付票据		
应收账款			应付账款		
预付款项			预收款项		
应收利息			应付职工薪酬		
应收股利			应交税费		
其他应收款			应付利息		
存货			应付股利		
持有待售资产			其他应付款		
一年内到期的非流动资产			持有待售负债		
其他流动资产			一年内到期的非流动负债		
流动资产合计			其他流动负债		
非流动资产：			流动负债合计		
可供出售金融资产			非流动负债：		
持有至到期投资			长期借款		
长期应收款			应付债券		
长期股权投资			其中：优先股		
投资性房地产			永续债		
固定资产			长期应付款		
在建工程			专项应付款		
工程物资			预计负债		
固定资产清理			递延收益		
生产性生物资产			递延所得税负债		

续表

资产	期末余额	年初余额	负债和所有者权益（或股东权益）	期末余额	年初余额
油气资产			其他非流动负债		
无形资产			非流动负债合计		
开发支出			负债合计		
商誉			所有者权益（或股东权益）：		
长期待摊费用			实收资本（或股本）		
递延所得税资产			其他权益工具		
其他非流动资产			其中：优先股		
非流动资产合计			永续债		
			资本公积		
			减：库存股		
			其他综合收益		
			盈余公积		
			未分配利润		
			所有者权益（或股东权益）合计		
资产总计			负债和所有者权益（或股东权益）总计		

7.1.3 资产负债表列报的总体要求

7.1.3.1 分类别列报

资产负债表列报应当如实反映企业在资产负债表日所拥有的资源、所承担的负债以及所有者所拥有的权益。也就是，资产负债表应当按照资产、负债和所有者权益三大类别分类列报。

7.1.3.2 资产和负债按流动性列报

资产负债表上资产和负债应当按照流动性分别分为流动资产和非流动资产、流动负债和非流动负债列示。流动性，通常按资产的变现或耗用时间长短或者负债的偿还时间长短来确定。企业应当先列报流动性强的资产或负债，再列报流动性弱的资产或负债。

（1）资产的列报。资产满足图7-1所列条件之一的，应当归类为流动资产。

- **条件一**：预计在一个正常营业周期中变现、出售或耗用。这主要包括存货、应收账款等资产。需要指出的是，变现一般针对应收账款等而言，指将资产变为现金；出售一般针对产品等存货而言；耗用一般指将存货（如原材料）转变成另一种形态（如产成品）

- **条件二**：主要为交易目的而持有。比如一些根据《企业会计准则第22号——金融工具确认和计量》划分的交易性金融资产。但是，并非所有交易性金融资产均为流动资产，比如自资产负债表日起超过12个月到期且预期持有超过12个月的衍生工具应当划分为非流动资产或非流动负债

- **条件三**：预计在资产负债表日起一年内（含一年，下同）变现

- **条件四**：自资产负债表日起一年内，交换其他资产或清偿负债的能力不受限制的现金或现金等价物

图7-1 归类为流动资产应满足的条件

流动资产以外的资产应当归类为非流动资产。

（2）负债的列报。流动负债的判断标准与流动资产的判断标准相类似。负债满足图7-2所列条件之一的，应当归类为流动负债。

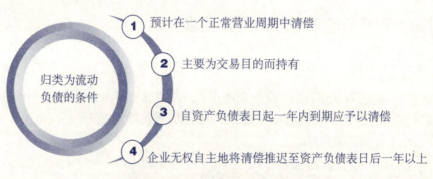

归类为流动负债的条件：
1. 预计在一个正常营业周期中清偿
2. 主要为交易目的而持有
3. 自资产负债表日起一年内到期应予以清偿
4. 企业无权自主地将清偿推迟至资产负债表日后一年以上

图7-2 归类为流动负债的条件

关于可转换工具负债成分的分类，《企业会计准则第30号——财务报表列报》还规定，负债在其对方选择的情况下可通过发行权益进行清偿的条款与在资产负债表日负债的流动性划分无关。

【实例7-1】

2018年12月1日，甲公司发行面值为5 000 000元的可转换债券，每张面值1 000元，限5年，到期前债券持有人有权随时按每张面值1 000元的债券转换50股的转股价格，将持有的债券转换为甲公司的普通股。根据这一转换条款，甲公司有可能在该批债券到期前（包括资产负债表日起12个月内）予以清偿，但甲公司在2018年12月31日资产负债表日判断该可转换债券的负债成分为流动负债还是非流动负债时，不应考虑转股导致的清偿情况，因此，该可转换债券的负债成分在2018年12月31日甲公司的资产负债表上仍应当分类为非流动负债（假定不考虑其他因素和情况）。

温馨提示

企业在应用流动负债的判断标准时，应当注意以下两点。

（1）企业对资产和负债进行流动性分类时，应当采用相同的正常营业周期。

（2）企业正常营业周期中的经营性负债项目即使在资产负债表日后超过一年才予清偿的，仍应划分为流动负债。经营性负债期中使用的营运资金的一部分。

7.1.4 资产负债表的内容填制规则

在编制资产负债表时，应当依照各种账户的余额直接填制。

（1）年初数。在"年初数"栏内，直接根据年末的资产负债表的对应项目进行填写。如果本年度的资产负债表与上年度表中规定的各项目名称和内容不一致，必须先将上年度的资产负债表中的相关内容按本年度的规定进行调整，再填入本表的"年初数"栏内。

（2）期末数。"期末数"栏内，要根据各账户的余额直接或间接地分析、计算后填制。

① 根据总分类账户余额直接填列。如应收票据、短期借款等。

② 根据总分类账余额分析计算填列。如货币资金、存货、未分配利润等。

③ 根据明细分类账余额分析计算填列。如应收账款、应付账款等。

④ 根据总账和明细账余额分析计算填列。如待摊费用、长期借款等。

⑤ 根据科目余额减去其备抵项目后的净额填列。如交易性金融资产净额、应

收账款净额、存货净额、长期投资净额、固定资产净额等。

（3）主要项目的填制。《〈企业会计准则第30号——财务报表列报〉应用指南（2014）》对资产负债表中的主要项目的具体填制进行了说明，如表7-2所示。

表7-2　资产负债表主要项目的填制

序号	项目	填制要求
1	货币资金	需根据"库存现金""银行存款""其他货币资金"三个总账科目余额的合计数填列
2	以公允价值计量且其变动计入当期损益的金融资产	根据总账科目的余额填列
3	应收账款	应根据"应收账款"和"预收账款"科目所属各明细科目的期末借方余额合计数，减去"坏账准备"科目中有关应收账款计提的坏账准备期末余额后的金额填列
4	预付款项	应根据"预付账款"和"应付账款"科目所属各明细科目的期末借方余额合计数，减去"坏账准备"科目中有关预付款项计提的坏账准备期末余额后的金额填列
5	应收票据	应根据相关科目的期末余额，减去"坏账准备"科目中有关坏账准备期末余额后的金额填列
6	应收利息	
7	应收股利	
8	其他应收款	
9	存货	应根据"材料采购""原材料""发出商品""库存商品""周转材料""委托加工物资""生产成本""受托代销商品"等科目的期末余额合计，减去"受托代销商品款""存货跌价准备"科目期末余额后的金额填列，材料采用计划成本核算，以及库存商品采用计划成本核算或售价核算的企业，还应按加或减材料成本差异、商品进销差价后的金额填列
10	持有待售资产	应根据相关科目的期末余额分析填列等
11	一年内到期的非流动资产	应根据有关非流动资产或负债项目的明细科目余额分析填列
12	其他流动资产	应根据有关科目的期末余额分析填列
13	可供出售金融资产	应根据相关科目的期末余额填列，已计提减值准备的，还应扣减相应的减值准备
14	持有至到期投资	应根据相关科目的期末余额填列，已计提减值准备的，还应扣减相应的减值准备

续表

序号	项目	填制要求
15	长期应收款	应根据"长期应收款"科目的期末余额,减去相应的"未实现融资费用"科目和"坏账准备"科目所属相关明细科目期末余额后的金额填列
16	长期股权投资	应根据相关科目的期末余额填列,已计提减值准备的,还应扣减相应的减值准备
17	投资性房地产	应根据相关科目的期末余额扣减相关的累计折旧(或摊销、折耗)填列,已计提减值准备的,还应扣减相应的减值准备,采用公允价值计量的上述资产,应根据相关科目的期末余额填列
18	固定资产	
19	在建工程	应根据相关科目的期末余额填列,已计提减值准备的,还应扣减相应的减值准备
20	工程物资	根据总账科目的余额填列
21	固定资产清理	根据总账科目的余额填列
22	生产性生物资产	应根据相关科目的期末余额扣减相关的累计折旧(或摊销、折耗)填列,已计提减值准备的,还应扣减相应的减值准备,采用公允价值计量的上述资产,应根据相关科目的期末余额填列
23	油气资产	
24	无形资产	
25	开发支出	应根据"研发支出"科目中所属的"资本化支出"明细科目期末余额填列
26	商誉	应根据相关科目的期末余额填列,已计提减值准备的,还应扣减相应的减值准备
27	长期待摊费用	应根据"长期待摊费用"科目的期末余额减去将于一年内(含一年)摊销的数额后的金额填列
28	递延所得税资产	根据总账科目的余额填列
29	其他非流动资产	应根据有关科目的期末余额减去将于一年内(含一年)收回数后的金额填列
30	短期借款	根据总账科目的余额填列
31	以公允价值计量且其变动计入当期损益的金融负债	根据总账科目的余额填列
32	应付票据	根据总账科目的余额填列
33	应付账款	应根据"应付账款"和"预付账款"科目所属的相关明细科目的期末贷方余额合计数填列
34	预收款项	

续表

序号	项目	填制要求
35	应付职工薪酬	应根据"应付职工薪酬"科目的明细科目期末余额分析填列
36	应交税费	根据总账科目的余额填列
37	持有待售负债	应根据相关科目的期末余额分析填列等
38	一年内到期的非流动负债	应根据有关非流动资产或负债项目的明细科目余额分析填列
39	其他流动负债	应根据有关科目的期末余额分析填列
40	长期借款	应根据"长期借款"总账科目余额扣除"长期借款"科目所属的明细科目中将在资产负债表日起一年内到期,且企业不能自主地将清偿义务展期的长期借款后的金额计算填列
41	应付债券	应分别根据"应付债券"科目的明细科目余额分析填列
42	长期应付款	应根据"长期应付款"科目的期末余额,减去相应的"未确认融资费用"科目期末余额后的金额填列
43	专项应付款	根据总账科目的余额填列
44	预计负债	根据总账科目的余额填列
45	清理递延收益	根据总账科目的余额填列
46	递延所得税负债	根据总账科目的余额填列
47	其他非流动负债	应根据有关科目的期末余额减去将于一年内(含一年)到期偿还数后的金额填列
48	实收资本(或股本)	根据总账科目的余额填列
49	资本公积	根据总账科目的余额填列
50	减:库存股	根据总账科目的余额填列
51	其他综合收益	根据总账科目的余额填列
52	盈余公积	根据总账科目的余额填列
53	未分配利润	应根据"利润分配"科目中所属的"未分配利润"明细科目期末余额填列

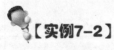

【实例7-2】

甲公司2017年12月31日的资产负债表(年初余额)及2018年12月31日的科目余额表分别如下表所示。假定甲公司适用的所得税税率为25%,不考虑其他因素。

资产负债表

编制单位：甲公司　　　　2017年12月31日　　　　　　　　单位：元

资产	期末余额	年初余额	负债和所有者权益（或股东权益）	期末余额	年初余额
流动资产：			流动负债：		
货币资金	1 161 300		短期借款	302 500	
以公允价值计量且其变动计入当期损益的金融资产	15 000		以公允价值计量且其变动计入当期损益的金融负债	0	
衍生金融资产	0		衍生金融负债	0	
应收票据	246 000		应付票据	200 000	
应收账款	299 100		应付账款	953 800	
预付款项	100 000		预收款项	0	
应收利息	0		应付职工薪酬	110 000	
应收股利	0		应交税费	36 600	
其他应收款	5 000		应付利息	1 000	
存货	2 580 000		应付股利	0	
持有待售资产	0		其他应付款	50 000	
一年内到期的非流动资产	0		持有待售负债	0	
其他流动资产	100 000		一年内到期的非流动负债	1 000 000	
流动资产合计	4 506 400		其他流动负债	0	
非流动资产：			流动负债合计	2 653 900	
可供出售金融资产	55 000		非流动负债：		
持有至到期投资	200 000		长期借款	600 000	
长期应收款	0		应付债券	0	
长期股权投资	424 000		其中：优先股		
投资性房地产	0		永续债		
固定资产	1 100 000		长期应付款	0	

续表

资产	期末余额	年初余额	负债和所有者权益（或股东权益）	期末余额	年初余额
在建工程	1 500 000		专项应付款	0	
工程物资	0		预计负债	0	
固定资产	0		清理递延收益	0	
生产性生物资产	0		递延所得税负债	2 500	
油气资产	0		其他非流动负债	0	
无形资产	600 000		非流动负债合计	602 500	
开发支出	0		负债合计	3 256 400	
商誉	0		所有者权益（或股东权益）：		
长期待摊费用	0		实收资本（或股本）	500 000	
递延所得税资产	0		其他权益工具	0	
其他非流动资产	202 500		其中：优先股		
非流动资产合计	40 815 000		永续债		
			资本公积	0	
			减：库存股	0	
			其他综合收益	31 500	
			盈余公积	100 000	
			未分配利润	200 000	
			所有者权益（或股东权益）合计	5 331 500	
资产总计	8 587 900		负债和所有者权益（或股东权益）总计	8 587 900	

科目余额表

单位：元

科目名称	借方余额	科目名称	贷方余额
库存现金	2 000	短期借款	105 150

续表

科目名称	借方余额	科目名称	贷方余额
银行存款	529 831	应付票据	100 000
其他货币资金	7 300	应付账款	953 800
交易性金融资产	0	其他应付款	50 000
应收票据	66 000	应付职工薪酬	180 000
应收账款	600 000	应交税费	226 731
坏账准备	−1 800	应付利息	0
预付账款	100 000	应付股利	20 026.25
其他应收款	5 000	递延所得税负债	0
材料采购	275 000	长期借款	1 116 000
原材料	45 000	股本	5 000 000
周转材料	38 050	资本公积	0
库存商品	2 122 400	其他综合收益	64 500
材料成本差异	4 250	盈余公积	136 960
其他流动资产	100 000	利润分配（未分配利润）	512 613.75
可供出售金融资产	286 000		
持有至到期投资	0		
长期股权投资	652 000		
固定资产	2 401 000		
累计折旧	−170 000		
固定资产减值准备	−30 000		
工程物资	300 000		
在建工程	428 000		
无形资产	600 000		
累计摊销	−60 000		
递延所得税资产	9 750		
其他长期资产	200 000		
合计	8 509 781	合计	8 509 781

根据上述资产,编制公司2018年12月31日的资产负债表,如下表所示。

资产负债表

会企01表
编制单位:甲公司　　　　　　2018年12月31日　　　　　　　　　　单位:元

资产	期末余额	年初余额	负债和所有者权益（或股东权益）	期末余额	年初余额
流动资产:			流动负债:		
货币资金	539 131	1 161 300	短期借款	105 150	302 500
以公允价值计量且其变动计入当期损益的金融资产	0	15 000	以公允价值计量且其变动计入当期损益的金融负债	0	0
衍生金融资产	0	0	衍生金融负债	0	0
应收票据	66 000	246 000	应付票据	100 000	200 000
应收账款	598 200	299 100	应付账款	953 800	953 800
预付款项	100 000	100 000	预收款项	0	0
应收利息	0	0	应付职工薪酬	180 000	110 000
应收股利	0	0	应交税费	226 731	36 600
其他应收款	5 000	5 000	应付利息	0	1 000
存货	2 484 700	2 580 000	应付股利	20 026.25	0
持有待售资产	0	0	其他应付款	50 000	50 000
一年内到期的非流动资产	0	0	持有待售负债	0	0
其他流动资产	100 000	100 000	一年内到期的非流动负债	0	1 000 000
流动资产合计	3 893 031	4 506 400	其他流动负债	0	0
非流动资产:			流动负债合计	1 635 707.25	2 653 900
可供出售金融资产	286 000	55 000	非流动负债:	1 160 000	
持有至到期投资	0	200 000	长期借款	0	600 000
长期应收款	0	0	应付债券	0	0
长期股权投资	652 000	424 000	其中:优先股		
投资性房地产	0	0	永续债		
固定资产	2 201 000	1 100 000	长期应付款	0	0
在建工程	428 000	1 500 000	专项应付款	0	0

续表

资产	期末余额	年初余额	负债和所有者权益（或股东权益）	期末余额	年初余额
工程物资	300 000	0	预计负债	0	0
固定资产	0	0	清理递延收益	0	0
生产性生物资产	0	0	递延所得税负债	0	2 500
油气资产	0	0	其他非流动负债	0	0
无形资产	540 000	600 000	非流动负债合计	1 160 000	602 500
开发支出	0	0	负债合计	2 795 707.25	3 256 400
商誉	0	0	所有者权益（或股东权益）：		
长期待摊费用	0	0	实收资本（或股本）	500 000	500 000
递延所得税资产	9 750	0	其他权益工具	0	0
其他非流动资产	200 000	202 500	其中：优先股		
非流动资产合计	4 616 750	40 815 000	永续债		
			资本公积	0	0
			减：库存股	0	0
			其他综合收益	64 500	31 500
			盈余公积	136 960	100 000
			未分配利润	512 613.75	200 000
			所有者权益（或股东权益）合计	5 714 073.75	5 331 500
资产总计	8 509 781	8 587 900	负债和所有者权益（或股东权益）总计	8 509 781	8 587 900

7.2 利润表

利润表是反映企业在一定会计期间的经营成果的会计报表，反映了企业经营业绩的主要来源和构成。

7.2.1 利润表列报的项目

利润表至少应当单独列示反映下列信息的项目,但其他会计准则另有规定的除外。

(1)营业收入。
(2)营业成本。
(3)营业税金及附加。
(4)管理费用。
(5)销售费用。
(6)财务费用。
(7)投资收益。
(8)公允价值变动损益。
(9)资产减值损失。
(10)非流动资产处置损益。
(11)所得税费用。
(12)净利润。
(13)其他综合收益各项目分别扣除所得税影响后的净额。
(14)综合收益总额。

7.2.2 一般企业利润表的列报格式

一般企业利润表的格式如表7-3所示。

表7-3 利润表

会企02表

编制单位： ××××年×月×日 单位:元

项目	本期金额	上期金额
一、营业收入		
减：营业成本		
营业税金及附加		
销售费用		
管理费用		
财务费用		
资产减值损失		

续表

项目	本期金额	上期金额
加：公允价值变动收益（损失以"-"号填列）		
投资收益（损失以"-"号填列）		
其中：对联营企业和合营企业的投资收益		
二、营业利润（亏损以"-"号填列）		
加：营业外收入		
其中：非流动资产处置利润		
减：营业外支出		
其中：非流动资产处置损失		
三、利润总额（亏损总额以"-"号填列）		
减：所得税费用		
四、净利润（净亏损以"-"号填列）		
五、其他综合收益的税后净额		
（一）以后不能重分类进损益的其他综合收益		
1.重新计量设定受益计划净负债或净资产的变动		
2.权益法下在被投资单位不能重分类进损益的其他综合收益中享有的份额		
……		
（二）以后将重分类进损益的其他综合收益		
1.权益法下在被投资单位将重分类进损益的其他综合收益中享有的份额		
2.可供出售金融资产公允价值变动损益		
3.持有至到期投资重分类为可供出售金融资产损益		
4.现金流经营期损益的有效部分		
5.外币财务报表折算差额		
……		
六、综合收益额		
七、每股收益		
（一）基本每股收益		
（二）稀释每股收益		

企业如有下列情况，应当在利润表中调整或增设相关项目。

（1）企业应当根据自身相关的其他综合收益业务，按照其他综合收益项目以后是否能重分类进损益区分为两类，相应在利润表7-4"（一）以后不能重分类进损益的其他综合收益"项下或"（二）以后将重分类进损益的其他综合收益"项下调整或增设有关其他综合收益项目。

（2）金融企业的利润表列报格式，应当遵循《企业会计准则第30号——财务报表列报》的规定，并根据金融企业经营活动的性质和要求，比照上述一般企业的利润表列报格式进行相应调整。

7.2.3 一般企业利润表的列报方法

企业应当根据损益类科目和所有者权益类有关科目的发生额填列利润表（见表7-4）"本年金额"栏，具体包括如下情况。

表7-4 一般企业利润表的列报方法

序号	科目	说明
1	一、营业收入	应根据有关损益类科目的发生额分析填列
2	减：营业成本	应根据有关损益类科目的发生额分析填列
3	营业税金及附加	应根据有关损益类科目的发生额分析填列
4	销售费用	应根据有关损益类科目的发生额分析填列
5	管理费用	应根据有关损益类科目的发生额分析填列
6	财务费用	应根据有关损益类科目的发生额分析填列
7	资产减值损失	应根据有关损益类科目的发生额分析填列
8	加：公允价值变动收益（损失以"—"号填列）	应根据有关损益类科目的发生额分析填列
9	投资收益（损失以"—"号填列）	应根据有关损益类科目的发生额分析填列
10	其中：对联营企业和合营企业的投资收益	应根据"投资收益""营业外收入""营业外支出"等科目所属的相关明细科目的发生额分析填列
11	二、营业利润（亏损以"—"号填列）	应根据本表中相关项目计算填列
12	加：营业外收入	应根据有关损益类科目的发生额分析填列
13	其中：非流动资产处置利得"	应根据"投资收益""营业外收入""营业外支出"等科目所属的相关明细科目的发生额分析填列

续表

序号	科目	说明
14	减：营业外支出	应根据有关损益类科目的发生额分析填列
15	其中：非流动资产处置损失	应根据"投资收益""营业外收入""营业外支出"等科目所属的相关明细科目的发生额分析填列
16	三、利润总额（亏损总额以"—"号填列）	应根据本表中相关项目计算填列
17	减：所得税费用	应根据有关损益类科目的发生额分析填列
18	四、净利润（净亏损以"—"号填列）	应根据本表中相关项目计算填列
19	五、"其他综合收益的税后净额"项目及其各组成部分	应根据"其他综合收益"科目及其所属明细科目的本期发生额分析填列
20	六、综合收益总额	应根据本表中相关项目计算填列
21	（一）基本每股收益	基本每股收益和稀释每股收益项目应当按照《企业会计准则第34号——每股收益》的规定计算填列
22	（二）稀释每股收益	
23	七、其他综合收益	

【实例7-3】

沿用实例7-2的资料，甲公司2018年度有关损益类科目和"其他综合收益"明细科目的本年累计发生净额分别如下表所示。

甲公司2018年度有关损益类科目

单位：元

项目	借方发生额	贷方发生额
主营业务收入		1 250 000
主营业务成本	750 000	
营业税金及附加	2 000	
销售费用	20 000	
管理费用	157 100	
财务费用	41 500	
资产减值损失	30 900	

续表

项目	借方发生额	贷方发生额
投资收益		227 500
营业外收入		50 000
营业外支出	19 700	
所得税费用	136 700	

甲公司"其他综合收益"明细科目2018年度累计发生净额

单位：元

项目	借方发生额	贷方发生额
权益法下在被投资单位以后将重分类进损益的其他综合收益中享有的份额		36 000
可供出售金融资产公允价值变动		3 750
持有至到期投资重分类为可供出售金融资产	6 750	
合计	6 750	39 750

根据上述资料，编制甲公司2018年度利润表，如下表所示。

利润表

编制单位：甲公司　　　　　　2018年度　　　　　　　　单位：元

项目	本期金额	上期金额
一、营业收入	1 250 000	
减：营业成本	750 000	
营业税金及附加	2 000	
销售费用	20 000	
管理费用	157 100	
财务费用	41 500	
资产减值损失	30 900	
加：公允价值变动收益（损失以"-"号填列）	0	
投资收益（损失以"-"号填列）	227 500	
其中：对联营企业和合营企业的投资收益	（略）	

续表

项目	本期金额	上期金额
二、营业利润（亏损以"-"号填列）	476 000	
加：营业外收入	50 000	
其中：非流动资产处置利润	（略）	
减：营业外支出	19 700	
其中：非流动资产处置损失	（略）	
三、利润总额（亏损总额以"-"号填列）	506 300	
减：所得税费用	136 700	
四、净利润（净亏损以"-"号填列）	369 600	
五、其他综合收益的税后净额	33 000	
（一）以后不能重分类进损益的其他综合收益	0	
（二）以后将重分类进损益的其他综合收益	0	

7.3 现金流量表

现金流量表是会计报表的三个基本报告之一，显示的是企业在一定期间内，现金和现金等价物流入和流出的报表。

7.3.1 现金流量的内容

根据相关财会法规的规定，现金流量主要分为以下三类，各自的详细内容如表7-5所示。

表7-5 现金流量的类型

种类	说明	列示项目
经营活动现金流量	即企业投资活动和筹资活动以外的所有交易和事项引起的现金流量	（1）销售商品、提供劳务收到的现金 （2）收到的税费返还 （3）收到其他与经营活动有关的现金 （4）购买商品、接受劳务支付的现金 （5）支付给员工以及为员工支付的现金 （6）支付的各项税费 （7）支付其他与经营活动有关的现金

续表

种类	说明	列示项目
投资活动现金流量	即企业长期资产的购建和不包括在现金等价物范围的投资及其处置活动引起的现金流量	（1）收回投资收到的现金 （2）取得投资收益收到的现金 （3）处置固定资产、无形资产和其他长期资产收回的现金净额 （4）处置子公司及其他营业单位收到的现金净额 （5）收到其他与投资活动有关的现金 （6）购建固定资产、无形资产和其他长期资产支付的现金 （7）投资支付的现金 （8）取得子公司及其他营业单位支付的现金净额 （9）支付其他与投资活动有关的现金
筹资活动现金流量	即导致企业资本及债务规模和构成发生变化的活动引起的现金流量	（1）吸收投资收到的现金 （2）取得借款收到的现金 （3）收到其他与筹资活动有关的现金 （4）偿还债务支付的现金 （5）分配股利、利润或偿付利息支付的现金 （6）支付其他与筹资活动有关的现金

7.3.2 现金流量表的编制方法

7.3.2.1 直接法

直接法是通过现金收入和现金支出的主要类别列示经营活动的现金流量的方法。在确定企业经营活动现金流量时，可以直接对现金收入与支出进行对比，对比后的差额就是经营活动现金流量的净额。

【实例7-4】

A企业本期的经营活动如下所述。

（1）销售商品收入为300 000元。收到现金250 000元存入银行，50 000元赊销。

（2）以现金支付员工工资50 000元。

（3）以现金支付各种税费30 000元。

（4）销售成本为150 000元，其中120 000元已经通过银行付清，暂欠30 000元。

根据以上资料，根据直接法计算现金流量，步骤如下。

第一步，计算本期经营活动现金的流入量，为250 000元。

第二步，计算本期经营活动现金的支出量，包括支付员工工资、税费、销售成本，总共为 200 000 元。

第三步，计算现金流量的净额，以流入量减去支出量，结果为 50 000 元。

温馨提示

根据《企业会计准则》的规定，在列示经营活动产生的现金流量时，必须使用直接法。此外，也必须在附注中使用间接法，披露将净利润调节为经营活动现金流量的信息。

7.3.2.2 间接法

间接法是以净利润为起点，调整有关项目，加上未支付现金的支出，再减去未收到现金的应收款来计算实际的现金流量净额。

【实例7-5】

继续以直接法下的案例计算。

根据间接法的计算方式，步骤如下。

第一步，计算本期净利润，以收入减去各项费用、成本的支出，为 70 000 元。

第二步，加上未付现的支出 30 000 元，共为 100 000 元。

第三步，减去未收到现金的应收款，即销售收入的 50 000 元，最后本期的现金流量的净额还是为 50 000 元。

温馨提示

直接法与间接法都是针对经营活动的现金流量而进行的，因此，对筹资活动现金流量和投资活动现金流量这两部分的内容没什么影响。

7.3.3 现金流量表格式

现金流量表格式分一般企业、商业银行、保险公司、证券公司等企业类型予以规定。企业应当根据其经营活动的性质，确定本企业适用的现金流量表格式。以下主要介绍一般企业现金流量表格式，如表 7-6 所示。

表7-6 现金流量表格式

会企03表
编制单位： 年 月 单位：元

项目	行次	金额
一、经营活动产生的现金流量		
销售商品、提供劳务收到的现金		
收到的税费返还		
收到的其他与经营活动有关的资金		
经营活动现金流入小计		
购买商品、接受劳务支付的现金		
支付给职工以及为职工支付的现金		
支付的各项税费		
支付的其他与经营活动有关的现金		
经营活动现金流出小计		
经营活动产生的现金流量净额		
二、投资活动产生的现金流量		
收回投资所收到的现金		
取得投资收益所收到的现金		
处置固定资产、无形资产和其他长期资产所收回的现金净额		
收到的其他与投资活动有关的现金		
投资活动现金流入小计		
购建固定资产、无形资产和其他资产所支付的现金		
投资所支付的现金		
取得子公司及其他营业单位支付的现金净额		
支付的其他与投资活动有关的现金		
投资活动现金流出小计		
投资活动产生的现金流量净额		
三、筹资活动所产生的现金流量		
吸收投资所收到的现金		
取得借款收到的现金		
收到的其他与筹资活动有关的现金		

续表

项目	行次	金额
筹资活动现金流入小计		
偿还债务所支付的现金		
分配股利、利润或偿付利息所支付的现金		
支付的其他与筹资活动有关的现金		
筹资活动现金流出小计		
筹资活动产生的现金流量净额		
四、汇率变动对现金及现金等价物的影响		
五、现金及现金等价物净增加额		
加：期初现金及现金等价物余额		
六、期末现金及现金等价物余额		

7.3.4 现金流量表填制说明

7.3.4.1 经营活动现金流量的填制

各项目的填制要点如表7-7所示。

表7-7 经营活动现金流量项目的填制要点

序号	项目	填制要点
1	销售商品、提供劳务收到的现金	（1）根据"现金""银行存款""应收账款""应收票据""主营业务收入""其他业务收入"等科目的记录分析填列 （2）本期由于销售退回而支付的现金从本项目中扣除
2	收到的税费返还	根据实际收到的各种税费金额填列
3	收到的其他与经营活动有关的现金	根据"现金""银行存款""营业外收入"等科目的记录分析填列
4	购买商品、接受劳务支付的现金	（1）根据"现金""银行存款""应付账款""应付票据""主营业务成本"等科目的记录分析填列 （2）本期发生购货退回收到的现金应从本项目内减去
5	支付给职工以及为职工支付的现金	（1）根据"应付工资""现金""银行存款"等科目的记录分析填列 （2）支付给离退休人员的各种费用不包括在本项目内，应放在"支付的其他与经营活动有关的现金"项目中 （3）支付给在建工程人员的工资，要在"购建固定资产、无形资产和其他长期资产所支付的现金"项目中反映

续表

序号	项目	填制要点
6	支付的各项税费	（1）根据"应交税金""现金""银行存款"等科目的记录分析填列 （2）不包括计入固定资产价值的税费、耕地占用税等
7	支付的其他与经营活动有关的现金	（1）根据有关科目的实际金额分析填列 （2）如果项目金额较大，应单列项目反映

7.3.4.2 投资活动现金流量的填制

各项目的填制要点如表7-8所示。

表7-8 投资活动现金流量项目的填制要点

序号	项目	填制要点
1	收回投资收到的现金	（1）根据"短期投资""长期股权投资""现金""银行存款"等科目的记录分析填列 （2）本项目不包括长期债权投资收回的利息，以及收回的非现金资产如原材料、固定资产等
2	取得投资收益所收到的现金	本项目可以根据"现金""银行存款""投资收益"等科目的记录分析填列，但不包括股票股利
3	处置固定资产、无形资产和其他长期资产所收回的现金净额	（1）反映企业处置固定资产、无形资产和其他长期资产所取得的现金，减去为处置这些资产而支付的有关费用后的净额 （2）根据"固定资产清理""现金""银行存款"等科目的记录分析填列
4	收到的其他与投资活动有关的现金	根据有关科目的记录分析填列。其他现金流入如果价值较大，应单列项目反映
5	购建固定资产、无形资产和其他长期资产所支付的现金	（1）根据"固定资产""在建工程""无形资产""现金""银行存款"等科目的记录分析填列 （2）不包括为购建固定资产而发生的借款利息和融资租入固定资产支付的租赁费（在筹资活动产生的现金流量中反映）
6	投资所支付的现金	根据"长期股权投资""长期债权投资""短期投资""现金""银行存款"等科目的记录分析填列
7	支付的其他与投资活动有关的现金	本项目可以根据有关科目的记录分析填列。其他现金流出如果价值较大，应单列项目反映

7.3.4.3 筹资活动现金流量的填制

各项目的填制要点如表7-9所示。

表7-9 筹资活动现金流量项目的填制要点

序号	项目	填制要点
1	吸收投资所收到的现金	根据"实收资本""现金""银行存款"等科目的记录分析填列
2	借款所收到的现金	根据"短期借款""长期借款""现金""银行存款"等科目的记录分析填列
3	偿还债务所支付的现金	根据"短期借款""长期借款""现金""银行存款"等科目的记录分析填列,但不包括偿还的借款利息、债券利息
4	分配股利、利润或偿付利息所支付的现金	根据"应付利润""财务费用""长期借款""现金""银行存款"等科目的记录分析填列,但不包括通过股票股利或财产股利形式支付的利润
5	其他项目	根据有关科目的记录分析填列

7.3.5 《现金流量表》补充资料的说明

根据《企业会计准则》的规定,现金流量表必须要有附注资料,对各种相关信息进行披露,具体要求如图7-3所示。

要求一 将净利润调节为经营活动现金流量

企业应当在附注中披露将净利润调节为经营活动现金流量的信息。至少应当单独披露对净利润进行调节的资产减值准备、固定资产折旧、无形资产摊销、待摊费用、财务费用、存货、处置固定资产、无形资产和其他长期资产的损益、投资损益、递延所得税资产和递延所得税负债、经营性应收项目、经营性应付项目等项目

要求二 不涉及现金收支的重大投资和筹资活动

企业应当在附注中披露不涉及当期现金收支,但影响企业财务状况或在未来可能影响企业现金流量的重大投资和筹资活动

要求三 现金流量增加额

即通过对现金、银行存款、其他货币资金账户以及现金等价物的期末余额与期初余额比较而得到的数额

图7-3 《现金流量表》补充资料的说明要求

温馨提示

现金流量增加额的数据必须要与流量表中的"现金及现金等价物净增加额"完全一致。

【实例7-6】

某企业的现金流量表示例如下。

某企业的现金流量表

编制企业：　　　　　　　××××年×月×日　　　　　　　单位：元

项目	行次	金额
一、经营活动产生的现金流量	1	
销售商品、提供劳务收到的现金	2	100 000
收到的税费返还	3	30 000
收到的其他与经营活动有关的资金	4	50 000
经营活动现金流入小计	5	180 000
购买商品、接受劳务支付的现金	6	20 000
支付给职工以及未支付的现金	7	30 000
支付的各项税费	8	40 000
支付的其他与经营活动有关的现金	9	10 000
经营活动现金流出小计	10	100 000
经营活动产生的现金流量净额	11	80 000
二、投资活动产生的现金流量	12	
收回投资所收到的现金	13	50 000
取得投资收益所收到的现金	14	30 000
处置固定资产、无形资产和其他长期资产所收到的现金净额	15	60 000
收到的其他与投资活动有关的现金	16	10 000
投资活动现金流入小计	17	150 000
购建固定资产、无形资产和其他资产所支付的现金	18	80 000
投资所支付的现金	19	60 000
支付的其他与投资活动有关的现金	20	20 000

续表

项目	行次	金额
投资活动现金流出小计	21	160 000
投资活动产生的现金流量净额	22	–10 000
三、筹资活动所产生的现金流量	23	
吸收投资所收到的资金	24	100 000
取得借款所收到的现金	25	50 000
收到的其他与筹资活动有关的现金	26	20 000
筹资活动现金流入小计	27	170 000
偿还债务所支付的现金	28	50 000
分配股利、利润或偿付利息所支付的现金	29	80 000
支付的其他与筹资活动有关的现金	30	30 000
筹资活动现金流出小计	31	160 000
筹资活动产生的现金流量净额	32	10 000
四、汇率变动对现金及现金等价物的影响	33	
五、现金及现金等价物净增加额	34	80 000
补充资料	35	
1.将净利润调节为经营活动现金流量	36	
净利润	37	70 000
加：计提的坏账准备或转销的坏账	38	10 000
固定资产折旧	39	25 000
无形资产摊销	40	15 000
待摊费用减少（减：增加）	41	5 000
预提费用增加（减：减少）	42	5 000
处置固定资产、无形资产和其他长期资产的损失（减：收益）	43	–50 000
固定资产报废损失	44	40 000
财务费用	45	30 000
投资损失（减：收益)	46	–40 000
递延税款贷项（减：借项）	47	–10 000
存货的减少（减：增加）	48	5 000
经营性应收项目的减少（减：增加）	49	–10 000
经营性应付项目的增加（减：减少）	50	–15 000
其他	51	

续表

项目	行次	金额
经营活动产生的现金流量净额	52	80 000
2.不涉及现金收支的投资和筹资活动	53	
以固定资产偿还债务	54	
以投资偿还债务	55	
以固定资产进行投资	56	
以存货偿还债务	57	
3.现金及现金等价物净增加情况	58	
现金期末余额	59	150 000
减：现金的期初余额	60	70 000
加：现金等价物期末余额	61	
减：现金等价物期初余额	62	
现金及现金等价物净增加额	63	80 000

7.4　所有者权益变动表

所有者权益变动表是反映构成所有者权益的各组成部分当期的增减变动情况的报表。

7.4.1　所有者权益变动表列报的总体要求

所有者权益变动表应当反映构成所有者权益的各组成部分当期的增减变动情况。综合收益和与所有者（或股东）的资本交易导致的所有者权益的变动，应当分别列示。与所有者的资本交易，是指与所有者以其所有者身份进行的、导致企业所有者权益变动的交易。

7.4.2　一般企业所有者权益变动表的列报格式

7.4.2.1　应当单独列示的信息

在所有者权益变动表上，企业至少应当单独列示反映下列信息的项目。

（1）综合收益总额。

（2）会计政策变更和差错更正的累积影响金额。

（3）所有者投入资本和向所有者分配利润等。

（4）提取的盈余公积。

（5）实收资本或资本公积、盈余公积、未分配利润的期初和期末余额及其调节情况。

企业如有下列情况，应当在所有者权益变动表中调整或增设相关项目。

（1）高危行业企业如有按国家规定提取的安全生产费的，应当在"未分配利润"栏和"所有者权益合计"栏之间增设"专项储备"栏。

（2）金融企业的所有者权益变动表列报格式，应当遵循本准则的规定，并根据金融企业经营活动的性质和要求，比照一般企业的所有者权益变动表列报格式进行相应调整。

7.4.2.2 所有者权益变动表的格式

所有者权益变动表以矩阵的形式列示，以下为一般企业的所有者权益变动表，如表7-10所示。

表7-10 所有者权益变动表

编制单位： 年度 单位：元

项目	本年金额								上年金额							
	实收资本（或股本）	资本（或股本）溢价	减：库存股	其他综合收益	盈余公积	未分配利润	其他	所有者权益合计	实收资本（或股本）	资本（或股本）溢价	减：库存股	其他综合收益	盈余公积	未分配利润	其他	所有者权益合计
加：会计政策变更																
前期差错更正																
（一）综合收益总额																
（二）所有者投入和减少资本																
1.所有者投入资本																
2.股份支付计入所有者权益的金额																
3.其他																

续表

项目	本年金额							上年金额						
	实收资本（或股本）	资本（或股本）溢价	减：库存股	其他综合收益	盈余公积	未分配利润	其他	所有者权益合计	实收资本（或股本）	资本（或股本）溢价	减：库存股	其他综合收益	盈余公积	未分配利润	其他	所有者权益合计
（三）利润分配														
1.提取盈余公积														
2.对所有者（或股东）的分配														
3.其他														
（四）所有者权益内部结转														
1.资本公积转增资本（或股本）														
2.盈余公积转增资本（或股本）														
3.盈余公积弥补亏损														
4.其他														

7.4.3 一般企业所有者权益变动表的列报方法

企业应当根据所有者权益类科目和损益类有关科目的发生额分析填列所有者权益变动"本年金额"栏，重点项目的填写如表7-11所示。

表7-11 重点项目的填报方法

序号	项目	填报说明
1	上年年末余额	应根据上年资产负债表中"实收资本（或股本）""资本公积""其他综合收益""盈余公积""未分配利润"等项目的年末余额填列
2	加：会计政策变更	应根据"盈余公积""利润分配""以前年度损益调整"等科目的发生额分析填列，并在"上年年末余额"的基础上调整得出"本年年初金额"项目
3	前期差错更正	

续表

序号	项目	填报说明
4	综合收益总额	反映企业当年的综合收益总额,应根据当年利润表中"其他综合收益的税后净额"和"净利润"项目填列,并对应列在"其他综合收益"和"未分配利润"栏
5	所有者投入和减少资本	反映企业当年所有者投入的资本和减少的资本,其中:"所有者投入资本"项目,反映企业接受投资者投入形成的实收资本(或股本)和资本公积,应根据"实收资本""资本公积"等科目的发生额分析填列,并对应列在"实收资本"和"资本公积"栏
6	股份支付计入所有者权益的金额	反映企业处于等待期中的权益结算的股份支付当年计入资本公积的金额,应根据"资本公积"科目所属的"其他资本公积"二级科目的发生额分析填列,并对应列在"资本公积"栏
7	利润分配	反映当年对所有者(或股东)分配的利润(或股利)金额和按照规定提取的盈余公积金额,并对应列在"未分配利润"和"盈余公积"栏
8	提取盈余公积	反映企业按照规定提取的盈余公积,应根据"盈余公积""利润分配"科目的发生额分析填列
9	对所有者(或股东)的分配	反映对所有者(或股东)分配的利润(或股利)金额,应根据"利润分配"科目的发生额分析填列
10	所有者权益内部结转	反映不影响当年所有者权益总额的所有者权益各组成部分之间当年的增减变动,包括资本公积转增资本(或股本)、盈余公积转增资本(或股本)、盈余公积弥补亏损等
11	资本公积转增资本(或股本)	反映企业以资本公积转增资本或股本的金额,应根据"实收资本""资本公积"等科目的发生额分析填列
12	盈余公积转增资本(或股本)	反映企业以盈余公积转增资本或股本的金额,应根据"实收资本""盈余公积"等科目的发生额分析填列
13	盈余公积弥补亏损	反映企业以盈余公积弥补亏损的金额,应根据"盈余公积""利润分配"等科目的发生额分析填列

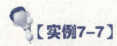
【实例7-7】

沿用实例7-2和实例7-3的资料,甲公司2018年度的其他相关资料为:提取盈余公积36 960元,宣告向投资者分配现金股利20 026.25元。

根据上述资料,甲公司编制2018年度的所有者权益变动表,如下表所示。

所有者权益变动表

编制单位：甲公司　　　　年度　　　　单位：元

项目	本年金额							上年金额						
	实收资本（或股本）	资本公积	减：库存股	其他综合收益	盈余公积	未分配利润	所有者权益合计	实收资本（或股本）	资本公积	减：库存股	其他综合收益	盈余公积	未分配利润	所有者权益合计
一、上年年末余额	5 000 000	0	0	31 500	100 000	200 000	533 500							
加：会计政策变更														
前期差错更正														
二、本年年初余额														
三、本年增减变动金额（减少以"-"号填列）				33 000		369 600	402 600							
（一）综合收益总额														
（二）所有者投入和减少资本														
1.所有者投入资本														
2.股份支付计入所有者权益的金额														
3.其他														
（三）利润分配					36 960	−36 960	0							
1.提取盈余公积														
2.对所有者（或股东）的分配						−20 026.25	−20 026.25							
3.其他														
（四）所有者权益内部结转														
1.资本公积转增资本（或股本）														
2.盈余公积转增资本（或股本）														
3.盈余公积弥补亏损														
4.其他														
四、本年年末余额	5 000 000	0	0	64 500	136 960	512 613.75	5 714 073.75							

7.5 关于附注

附注是对在资产负债表、利润表、现金流量表和所有者权益变动表等报表中列示项目的文字描述或明细资料,以及对未能在这些报表中列示项目的说明等。

7.5.1 附注披露的总体要求

附注相关信息应当与资产负债表、利润表、现金流量表和所有者权益变动表等报表中列示的项目相互参照,以有助于使用者联系相关联的信息,并由此从整体上更好地理解财务报表。

企业在披露附注信息时,应当与定量、定性信息相结合,按照一定的结构对附注信息进行系统合理的排列和分类,以便于使用者理解和掌握。

7.5.2 附注披露的主要内容

附注一般应当按照下列顺序至少披露有关内容。

7.5.2.1 企业的基本情况

(1)企业注册地、组织形式和总部地址。

(2)企业的业务性质和主要经营活动。如企业所处的行业、所提供的主要产品或服务、客户的性质、销售策略、监管环境的性质等。

(3)母公司以及集团最终母公司的名称。

(4)财务报告的批准报出者和财务报告批准报出日。如果企业已在财务报表其他部分披露了财务报告的批准报出者和批准报出日信息,则无需重复披露;或者已有相关人员签字批准报出财务报告,可以其签名及其签字日期为准。

(5)营业期限有限的企业,还应当披露有关其营业期限的信息。

7.5.2.2 财务报表的编制基础

企业应当根据本准则的规定判断企业是否持续经营,并披露财务报表是否以持续经营为基础编制。

7.5.2.3 遵循企业会计准则的声明

企业应当声明编制的财务报表符合企业会计准则的要求,真实、完整地反映了企业的财务状况、经营成果和现金流量等有关信息，以此明确企业编制财务报表所依据的制度基础。

如果企业编制的财务报表只是部分地遵循了企业会计准则，附注中不得做出这种表述。

7.5.2.4　重要会计政策和会计估计

（1）重要会计政策的说明。企业应当披露采用的重要会计政策，并结合企业的具体实际披露其重要会计政策的确定依据和财务报表项目的计量基础。其中，会计政策的确定依据主要是指企业在运用会计政策过程中所做的重要判断，这些判断对在报表中确认的项目金额具有重要影响。比如，企业如何判断持有的金融资产是持有至到期的投资而不是交易性投资，企业如何判断与租赁资产相关的所有风险和报酬已转移给企业从而符合融资租赁的标准，投资性房地产的判断标准是什么等。财务报表项目的计量基础包括历史成本、重置成本、可变现净值、现值和公允价值等会计计量属性，比如存货是按成本还是按可变现净值计量的等。

（2）重要会计估计的说明。企业应当披露重要会计估计，并结合企业的具体实际披露其会计估计所采用的关键假设和不确定因素。

重要会计估计的说明，包括可能导致下一个会计期间内资产、负债账面价值重大调整的会计估计的确定依据等。例如，固定资产可收回金额的计算需要根据其公允价值减去处置费用后的净额与预计未来现金流量的现值两者之间的较高者确定，在计算资产预计未来现金流量的现值时需要对未来现金流量进行预测，并选择适当的折现率，企业应当在附注中披露未来现金流量预测所采用的假设及其依据、所选择的折现率为什么是合理的等。又如，对于正在进行中的诉讼提取准备，企业应当披露最佳估计数的确定依据等。

7.5.2.5　会计政策和会计估计变更以及差错更正的说明

企业应当按照《企业会计准则第28号——会计政策、会计估计变更和差错更正》的规定，披露会计政策和会计估计变更以及差错更正的情况。

7.5.2.6　报表重要项目的说明

企业应当按照资产负债表、利润表、现金流量表、所有者权益变动表及其项目列示的顺序，采用文字和数字描述相结合的方式披露报表重要项目的说明。报表重要项目的明细金额合计，应当与报表项目金额相衔接。

企业还应当在附注中披露如下信息。

（1）费用按照性质分类的利润表补充资料，可将费用分为耗用的原材料、职工薪酬费用、折旧费用、摊销费用等。具体的披露格式如表7-12所示。

表7-12 费用按照性质分类的补充资料

项目	本期金额	上期金额
耗用的原材料		
产成品及在产品存货变动		
职工薪酬费用		
折旧和摊销费用		
非流动资产减值损失		
支付的租金		
财务费用		
其他费用		
……		
合计		

（2）关于其他综合收益各项目的信息，包括以下内容。

① 其他综合收益各项目及其所得税影响。

② 其他综合收益各项目原计入其他综合收益，当期转出计入当期损益的金额。

③ 其他综合收益各项目的期初和期末余额及其调节情况。

上述① 和② 的具体披露格式如表7-13所示，③ 的具体披露格式如表7-14所示。

表7-13 其他综合收益各项目及其所得税影响和转入损益情况

项目	本期金额			上期金额		
	税前金额	所得税	税后净额	税前金额	所得税	税后净额
一、以后不能重分类进损益的其他综合收益						
1.重新计量设定受益计划净负债或净资产的变动						
2.权益法下在被投资单位不能重分类进损益的其他综合收益中享有的份额						
……						
二、以后将重分类进损益的其他综合收益						
1.权益法下在被投资单位以后将重分类进损益的其他综合收益中享有的份额						
减：前期计入其他综合收益当期转入损益						
小计						

续表

项目	本期金额			上期金额		
	税前金额	所得税	税后净额	税前金额	所得税	税后净额
2.可供出售金融资产公允价值变动损益						
减：前期计入其他综合收益当期转入损益						
小计						
3.持有至到期投资重分类为可供出售金融资产损益						
减：前期计入其他综合收益当期转入损益						
小计						
4.现金流量套期归损益的有效部分						
减：前期计入其他综合收益当期转入损益						
小计						
5.外币财务报表折算差额						
减：前期计入其他综合收益当期转入损益						
小计						
……						
三、其他综合收益合计						

表7-14　其他综合收益各项目的调节情况

项目	重新计量设定受益计划净负债或净资产变动	权益法下在被投资单位不能重分类进损益的其他综合收益中享有的份额	权益法下在被投资单位以后将重分类进损益的其他综合收益中享有的份额	可供出售金融资产公允价值变动损益	持有至到期投资重分类为可供出售金融资产损益	现金流量套期损益的有效部分	外币财务报表折算差额	……	其他综合收益合计
一、上年年初余额									
二、上年增减变动金额（减少以"-"号填列）									
三、本年年初余额									

【实例7-8】

沿用实例7-2、实例7-3和实例7-7的资料，甲公司2018年度与其他综合收益相关的业务如下（假定不考虑交易费用及其他相关因素）。

（1）2018年2月1日，甲公司将持有的A公司股票全部售出，售价为每股5元，该股票共1万股，系甲公司于2017年8月1日购入，当时的市价为每股4.5元，初始确认时划分为可供出售金融资产，2017年12月31日的市价为每股5.5元。

（2）2018年7月1日，甲公司从二级市场购入1万股B公司股票，每股市价10元，初始确认时，该股票划分为可供出售金融资产；2018年12月31日，甲公司仍持有该股票，当时的市价为每股11.5元。

（3）2018年9月1日，甲公司出于流动性考虑，将所持有C公司债券的10%出售；该批债券系甲公司于2017年7月1日从二级市场平价购入，面值200 000元，剩余期限3年，划分为持有至到期投资。2018年9月1日甲公司出售该债券时，该债券的整体公允价值和摊余成本分别为190 000元和200 000元。

（4）甲公司持有乙公司30%的股份，能够对乙公司施加重大影响。2017年度和2018年度，乙公司因持有的可供出售金融资产公允价值变动计入其他综合收益的金额分别为80 000元和120 000元。假定甲公司与乙公司适用的会计政策、会计期间相同，投资时乙公司有关资产、负债的公允价值与其账面价值相同，双方在当期及以前期间未发生任何内部交易。

根据上述资料，甲公司在2018年度财务报表附注中应当披露关于其他综合收益各项目的信息，如下表所示。

其他综合收益各项目及其所得税影响和转入损益情况

项目	本期金额			上期金额		
	税前金额	所得税	税后净额	税前金额	所得税	税后净额
一、以后不能重分类进损益的其他综合收益	0	0	0	0	0	0
二、以后将重分类进损益的其他综合收益	32 000	-1 000	33 000	34 000	25 000	31 500
1.权益法下在被投资单位以后将重分类进损益的其他综合收益中享有的份额	36 000			24 000		

续表

项目	本期金额			上期金额		
	税前金额	所得税	税后净额	税前金额	所得税	税后净额
减：前期计入其他综合收益当期转入损益	0			0		
小计	36 000	0	36 000	24 000	0	24 000
2.可供出售金融资产公允价值变动损益	15 000			10 000		
减：前期计入其他综合收益当期转入损益	−1 000			0		
小计	5 000	1 250	3 750	10 000	25 000	75 000
3.持有至到期投资重分类为可供出售金融资产损益	−9 000			0		
减：前期计入其他综合收益当期转入损益	0			0		
小计	−9 000	−2 250	−6 750	0	0	0
三、其他综合收益合计	32 000	−1 000	33 000	34 000	25 000	31 500

其他综合收益各项目的调节情况

项目	权益法下在被投资单位以后将重分类进损益的其他综合收益中享有的份额	可供出售金融资产公允值变动损益	持有至到期投资重分类为可供出售金融资产损益	其他综合收益合计
一、上年年初余额				
二、上年增减变动金额（减少以"−"号填列）				
三、本年年初余额				
四、本年均以变动金额（减少以"−"号填列）				
五、本年年末余额				

（3）在资产负债表日后，财务报告批准报出目前提议或宣布发放的股利总额和每股股利金额（或向投资者分配的利润总额）。

（4）终止经营的收入、费用、利润总额、所得税费用和净利润，以及归属于母公司所有者的终止经营利润。企业披露的上述数据应当是针对终止经营在整个报告期间的经营成果。

7.5.2.7 其他

（1）或有和承诺事项、资产负债表日后非调整事项、关联方关系及其交易等需要说明的事项，企业应当按照相关会计准则的规定进行披露。

（2）有助于财务报表使用者评价企业管理资本的目标、政策及程序的信息。资本管理受行业监管部门监管要求的金融等行业企业，除遵循相关监管要求外，比如我国商业银行遵循中国银监会《商业银行资本管理办法（试行）》进行有关资本充足率等的信息披露，还应当按照《企业会计准则第30号——财务报表列报》的规定，在财务报表附注中披露有助于财务报表使用者评价企业管理资本的目标、政策及程序的信息。

根据《企业会计准则第30号——财务报表列报》的规定，企业应当基于可获得的信息充分披露如图7-4所示内容。

内容一：企业资本管理的目标、政策及程序的定性信息，包括：
（1）对企业资本管理的说明
（2）受制于外部强制性资本要求的企业，应当披露这些要求的性质以及企业如何将这些要求纳入其资本管理之中
（3）企业如何实现其资本管理的目标

内容二：资本结构的定量数据摘要，包括资本与所有者权益之间的调节关系等。比如，有的企业将某些金融负债（如次级债）作为资本的一部分，有的企业将资本视作扣除某些权益项目（如现金流量套期产生的利得或损失）后的部分

内容三：自前一会计期间开始上述内容一和内容二中的所有变动

内容四：企业当期是否遵循了其受制的外部强制性资本要求；以及当企业未遵循外部强制性资本要求时，其未遵循的后果

图7-4 企业应当基于可获得的信息充分披露的内容

企业按照总体对上述信息披露不能提供有用信息时，还应当对每项受管制的资本要求单独披露上述信息，比如，跨行业、跨国家或地区经营的企业集团可能受一系列不同的资本要求监管。